서문당 · 컬러백과—생활편람 ❸

세계의 국기

장인규/저

간행사

지난 1991년 12월 〈세계의 국기와 국장〉이란 책자를 간행한 이후 몇 년 동안에 많은 나라들이 독립하거나 분리되어 새로히 국기가 바뀌거나 또는 개정된 것도 많다. 아울러 그 책은 부피도 크고 따라서 비쌀 수 밖에 없기 때문에 우리 독자들이 쉽게 사서 볼 수 없을 것 같아, 이에 다시 간략하면서도 그동안 변경되거나 새로 제정된 국기들을 망라하여 게제하고 그의 뜻도 함께 싣는 바이다.

일반적으로 우리들은 그 많은 나라들의 국기를 쉽게 알아볼 수 없고, 또 식별할 수는 없는 것은 물론 그것들이 나타내고 있는 상징적 의미는 더더욱 알지 못하고 있는 것이 사실이다.

국기라는 것이 각각 그렇게 만들어질 때까지는 그 나름대로 역사적 배경과 그것이 내포하고 있는 뜻이 있기 마련인데, 많은 사람들이 이러한 것에 대해서 관심이 없었기 때문에 그 뜻은 둘째로 단지 몇 나라의 국기를 알고 있을 뿐이다.

우연한 기회에 이것에 관심을 갖게 되었고, 이에 대한 자료들을 수집하다보니 상당히 재미있는 것들을 알게 되었으며, 직업과는 전혀 관계가 없으나 너무나 자료가 없기 때문에 이를 필요로 하는 사람들을 위해서 어려운 작업을 하였던 것이다.

전술한 바와 같이 〈세계의 국기와 국장〉을 발간한 다음, 구 소련의 15개 연방공화국이 분리 독립하여 각자의 국기를 갖게 된 것을 필두로 여러 나라의 국기가 변경되거나 새로히 제정되었다. 그 책을 발간한 다음 그 책의 자료로서의 가치를 고려하여 1993년 3월에 이를 보완하는 자료를 송달한 적도 있지만, 이제 이를 다시 보완하는 뜻에서도 이 책을 출간하는 바이다.

이제 독자들의 흥미를 돋구기 위하여 국기의 형태를 잠시 살펴보기로 한다. 국기에 들어있는 것 중 가장 많은 것은 별이다. 또한 별의 색깔도 다양하여 백색, 황색, 적색, 녹색, 흑색, 청색별 등이 있다. 별이 가장 많이 들어 있는 것은 미국으로 50개이며, 다음으로 많은 것은 브라질의 국기로서 27개나 된다. 별 다음으로 많이 들어 있는 것은 동물과 식물로서 동물로는 독수리, 사자, 새, 뱀, 조개, 용, 표범, 소, 돌고래, 알파카, 양, 라바, 말, 거북이, 바다가재, 그리고 심지어는 돼지의 어금니까지 들어있으며, 식물로는 야자나무, 월계수, 올리브나무, 마호가니, 삼나무, 소나무, 보리수나무, 석류나무, 빵나무, 단풍나무, 떡갈나무, 판야나무, Ngwele, Nutmeg, 벼, 보리, 옥수수, 사탕수수, 바나나, 그리고 선인장 등이다. 그외 글자, 십자가, 해, 달, 영국 국기, 그리고 무기 등이다. 무기도 그내용을 살펴보면 방패, 칼, 총, 대포, 화살, 도끼, 삼지창, 투봉 등이다.

그외 나라의 상징이라든가, 지도, 글자 등이 들어 있으며, 국기 중 특이한 것의 예를 든다면 우리의 태극기와 네팔, 그리고 리비아의 국기를 들 수 있겠다.

국기에 못지 않게 국기를 대신하는 국장에 있어서도 상당히 재미있는 것을 볼 수 있다. 각각의 국장도 그 나름대로 뜻하는 것이 많으며, 이들을 이해함으로써, 그 나라를 이해하는 데 큰 도움이 될 것이다.

이에 더하여, 국기와 국장에만 한하지 않고, 각 나라를 이해하는데 필요한 여러 항목의 자료들을 비교케 함으로써, 이 책자의 값어치를 배가하게 하였다.

저자의 약력

1957년 연세의대 졸업/1971년 장인규성형외과의원 개설/1972년 의학박사학위 취득/1991년 [세계의 국기와 국장] 발간/1993년 국제기장(旗章)학회 참석/1997년 위 장인규성형외과의원 폐원

현재: 연세의대 및 한양의대 성형외과 외래교수/한국소형영화(小型映畵)작가협회 고문

가나

(Republic of Ghana)

(2:3)

적색은 독립과 자유를 위한 투쟁에 목숨바친 영웅들의 피를, 황색은 풍부한 광물자원, 특히 이 나라의 옛국명(國名)인 "황금해안(黃金海岸)"이라는 이름처럼 황금을, 그리고 녹색은 이 나라의 울창한 삼림(森林)과 비옥한 땅을 상징하고 있다. 그리고 5각의 흑색 별은 아프리카의 통합과 흑색 피부인 국민을 뜻하고 있다.

면적	23만 8,537㎢
면적순위	81위
인구	1,810만명 (1997년 7월)
인구밀도	76명/㎢
자원	코코넛, 목재, 금
수도	아크라 (Accra, 120만명)
주민	아칸족(44%), 모레다구바니족(16%), 에웨족(13%)
언어	영어(공용어), 아샨티어, 판티어
종교	토속신앙(38%), 회교(30%), 기독교(24%)

가봉

(Gabonese Republic)

(3:4)

녹색은 국가경제의 근원이 되는 삼림을, 황색은 이 나라를 가로지르는 적도와 태양을, 청색은 바다를 뜻하며 이 나라가 해운국임을 각각 상징하고 있다.

면적	26만 7,667㎢
면적순위	76위
인구	119만명 (1997년 7월)
인구밀도	4.4명/㎢
자원	석유, 목재, 망간
수도	리브르빌 (Libreville, 35만명)
주민	반투계족(60%), 팡족(30%)
언어	불어(공용어), 북부 팡어, 남부는 반투계 종족어
종교	기독교(60%), 전통신앙(40%)

가이아나

(Cooperative Republic of Guyana)

(3:5)

녹색은 농업과 울창한 삼림(森林)을 뜻하며, 소위 황금색 화살촉"의 황색은 풍부한 광물자원과 나라의 황금과 같이 빛나는 장래를 뜻한다. 또 흑색으로 테를 두른 적색 삼각형은 국가의 건설과정에 참여하고 있는 국민의 열의와 활력을, 백색의 테는 국가의 수자원(水資源)을, 흑색테는 국가 발전을 위한 끈기와 국가 장래를 위한 황금화살의 돌진(突進)을 유지할 인내를 나타낸다고 한다.

면적	21만 4,969㎢
면적순위	84위
인구	70만명 (1997년 7월)
인구밀도	3.2명/㎢
자원	보크사이트, 사탕
수도	조지타운 (Georgetown, 19만명)
주민	인도계(51%), 아프리카계(43%)
언어	영어(공용어), 힌두어, 우르두어
종교	힌두교, 가톨릭, 회교, 개신교

감비아

(Republic of the Gambia)

(2:3)

국기 중앙의 청색 줄은 이 나라의 감비아 강을 상징하게 하였고, 적색은 이웃 나라와의 선린우호(善隣友好)와 태양을, 녹색은 이 나라의 주산업(主産業)인 농업자원을 백색은 감비아강 양쪽에 있는 주요도로와 단결, 그리고 평화를 상징한다고 한다.

면적	1만 1,295㎢
면적순위	160위
인구	124만명 (1997년 7월)
인구밀도	11명/㎢
자원	낙화생, 야자유, 수산물
수도	반줄 (Banjul, 4만 5,000명)
주민	만진카족(42%), 후라족(18%), 와로후족(16%)
언어	영어(공용어), 만딘카어, 와로후어
종교	회교(90%), 기독교(9%)

과테말라

(Republic of Guatemala)

청·백·청의 이 나라 국기는 청색이 바다를 표시한다고 하여 카리브해와 태평양 사이에 있는 이 나라의 지리학적 위치를 나타내는 것은 물론, 청색은 또한 이 나라의 하늘 빛과 정의, 그리고 독립을; 백색은 청순과 고결, 그리고 평화를 뜻한다고 한다. 국기 중앙에 있는 문양은 국장과 같은 것으로 국장편에서 설명하기로 한다.

면적	10만 8,889㎢
면적순위	106위
인구	1,168만명 (1997년 7월)
인구밀도	107명/㎢
자원	니켈, 원유, 목재
수도	과테말라 (Guatemala city, 113만명)
주민	혼혈(36%), 백인(8%), 원주민(56%)
언어	스페인어(공용어), 마야어
종교	가톨릭, 개신교

(5:8)

면적	549㎢
면적순위	189위
인구	16만명 (1997년 7월)
인구밀도	291명/㎢
자원	
수도	아가나(Agana)
주민	카모로족 41.8%, 필리피노족 21.2%, 독일인 2.1%, 기타 31.3%
언어	영어
종교	가톨릭교 79.5%, 개신교 17.3%, 기타 3.2%

국기에 있는 문장은 국인(國印)으로부터 따온 것으로서, 그 속에는 야자나무와 아가나(Agana)강의 포구(浦口), 그리고 항해하고 있는 배와 괌이라고 쓴 글이 들어 있다.

괌도
(American Guam)

(21:40)

면적	78㎢
면적순위	217위
인구	6만 3,700명 (1997년 7월)
인구밀도	816명/㎢
자원	
수도	세인트피터포트(St. Peter Port)
주민	
언어	거의 전부 영어 사용
종교	성공회 65%, 기타 35% (1989년)

백색 바탕에 적색의 성 조지(St. George) 십자를 넣고, 다시 그 안에 정복자 윌리암의 기에서 따온 황색 십자를 넣었다.

권시
(Guam)

(3:5)

면적	344,5㎢
면적순위	200위
인구	9만 5,537명 (1997년 7월)
인구밀도	277명/㎢
자원	농산물, 어패류
수도	세인트 조지스(St. George's, 3만 6,000명)
주민	흑인(53%), 혼혈(42%)
언어	영어(공용어)
종교	가톨릭(64%), 영국성공회(22%)

외곽 둘레의 적색은 사람들의 정열과 용기, 그리고 활력만이 아니라 자유에 대한 불타는 열망을; 적색 둘레는 국민이 조화와 정신적 통일을 유지하고자 하는 결의를 확인하는 것이고; 황색은 지혜와 나라를 비치고 있는 태양, 그리고 국민의 따뜻함과 우정을; 녹색은 국토의 비옥함과 풍부한 삼림자원, 그리고 농업을; 별은 희망과 포부, 그리고 이 나라를 태어나게 한 이상을; 아울러 별이 7개인 것은 그레내디니스(Grenadines)를 포함한 이 나라의 7개의 행정교구를 말한다. 좌측에 들어있는 나무 열매는 너트메그(nutmeg)로서, 이 나라의 전통적 농산품이다.

그레나다
(Grenada)

(3:5)

면적	6만 9,700㎢
면적순위	120위
인구	516만명 (1997년 7월)
인구밀도	74명/㎢
자원	망간, 철광석, 동, 석탄, 석유
수도	트빌리시(Tbilisi, 126만명)
주민	그루지아인(68.8%), 아르메니아인(9%), 러시아인(7.4%)
언어	그루지아어(공용어), 러시아어
종교	그루지아정교, 회교

그루지아민주공화국의 국기는 1917년 3월 25일 처음 게양되었는데, 암적색 바탕은 더러는 진분홍이나 홍옥(紅玉)의 색으로 되기도 하였으며, 같은 부분에 같은 국기 모양으로 흑·백 두가지 색의 띠가 들어있다. 이 석색은 국가의 색채이며, 흑·백의 띠는 비극적인 과거와 장래에 대한 희망을 상징한다.

그루지아
(Republic of Georgia)

면적	13만 1,957㎢
면적순위	96위
인구	1,061만명 (1997년 7월)
인구밀도	80.4명/㎢
자원	석탄, 철광석, 보크사이트, 니켈
수도	아테네(Athens, 303만명)
주민	그리스인(97%), 터키인
언어	그리스어(공용어)
종교	그리스정교(98%), 회교(1.3%)

백십자는 하나님의 지혜, 자유 및 국가를; 9개의 줄무늬는 나라의 혁명적 표어(標語)였던 "자유, 아니면 죽음을"이라는 말의 9개의 음절(音節)을 나타내며, 또 다른 해석으로는 이 줄무늬는 아킬레스의 방패에 있는 9개의 줄무늬를, 또는 9인의 뮤즈여신을, 또는 과거의 독립을 위한 9년간의 전쟁을 뜻한다고도 한다. 청색은 그리스의 애국자로 하여금 분발하도록 하는 이념을 주는 바다와 구름 한 점 없는 하늘을; 백색은 자유와 독립을 위한 투쟁에서 그들 목표의 순결함을; 백십자는 성실함과 그리스인의 깊은 신앙심을 나타낸다고도 한다.

그리스
(Hellenic Republic)

(7:12)

그린랜드

(2:3)

1985년 6월 21일 채택된 그린랜드의 기는 이곳에서만 사용되는 것으로서, 색채는 덴마크 국기에서 따 온 것으로 백색은 내륙(內陸) 지방의 얼음과 빙산(氷山)을 상징하며, 적색과 적색의 반원(半圓)은 한 여름 태양의 일출(日出) 장면을 나타내고 있다.

면적	217만 5,600km²
면적순위	13위
인구	5만 8,768명 (1997년 7월)
인구밀도	0.7명/km²
자원	
수도	누크(Nuuk)
주민	그린랜드 출생(82.7%), 외부 출생(17.3%)
언어	그린랜드어, 덴마크어
종교	개신교98.3%(복음주의 루터교95.7%, 오순절교1.4%)

기니
(Republic of Guinea)

(2:3)

국기의 3색은 이 나라의 표어(標語)인 "노동, 정의, 단결"을 반영(反影)함과 동시에; 적색은 국가건설을 위하여 노력하는 이 나라 남녀 국민의 검은 몸에서 흐르는 땀과 애국지사의 피를; 황색은 영원히 비치는 태양과 정의, 그리고 풍부한 광물자원을; 녹색은 농업과 푸타 드얄론(Futa Djalon)에 있는 광대한 목초지(牧草地), 그리고 국민경제를 발전시키기 위하여 단결할 것을 함께 상징하고 있다고 한다.

면적	24만 5,857km²
면적순위	78위
인구	740만명 (97년 7월)
인구밀도	30명/km²
자원	바나나, 파인애플, 커피, 보크사이트, 금, 철광석
수도	코나크리(Conakry, 52만 6,000명)
주민	풀베족(35%), 말린케족(30%), 수수족(20%)
언어	불어(공용어), 말린케어, 수수어
종교	회교(85%), 기독교(8%)

기니비사우
(Republic of Guinea-Bissau)

(1:2)

흑색 별은 이 아프리카 흑인 국가에서의 독립당의 지도력을 상징하나, 적색으로 표시된 연안지방에 있는 수도 비사우(Bissau)를 나타내기도 하며, 황색은 북부 사바나 지대를, 녹색은 남부 삼림(森林)지대를 상징한다고 한다.

면적	3만 6,125km²
면적순위	136위
인구	117만명 (97년 7월)
인구밀도	32명/km²
자원	쌀, 야자, 땅콩, 코코아
수도	비사우(Bissau, 19만 3,000명)
주민	바렌테스족(32%), 후라니족(20%), 말린케족(14%), 만디카족(13%)
언어	포루투갈어(공용어), 크리올어
종교	토속신앙(65%), 회교(30%), 기독교(5%)

나미비아
(Republic of Namibia)

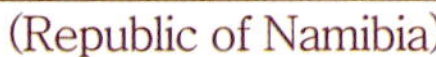

청색은 이 나라의 맑은 하늘, 대서양, 값진 수자원 및 비의 중요함을; 적색은 가장 중요한 자원인 인간을 표시하며, 그들의 영웅적 행위와 모두에게 균등한 기회를 갖는 장래를 건설하는데 있어서의 결단력을; 녹색은 이 나라의 초목과 농업자원을; 그리고 백색은 평화와 통합을 각각 상징한다고 한다. 또 태양은 생명과 에너지를; 황금색은 태양의 따뜻함과 황금빛 초원 및 나미비아 사막의 색을 상징한다고 한다.

면적	82만 4,295km²
면적순위	34위
인구	172만명 (97년 7월)
인구밀도	2명/km²
자원	구리, 우라늄, 다이아몬드
수도	빈트후크(Windhoek, 14만 4,500명)
주민	오밤보족(50%), 카방고족(9%)
언어	영어(공용어), 아프리칸스어
종교	루터교(50%), 기타 기독교(30%)

나우루
(Republic of Nauru)

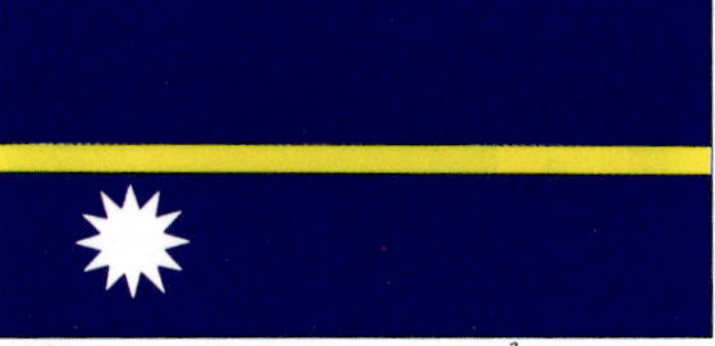

(1:2)

이 나라는 태평양상 일부변경선(日付變更線)의 서쪽, 그리고 적도로부터 위도(緯度) 1도 남쪽에 있기 때문에 청색기의 중앙부에 황색 가로 줄을 긋고 그 선 바로 아래, 그리고 중심에서 다소 벗어난 곳에 별을 위치하게 하여 나라의 위치를 설명하고 있다. 따라서 청색은 태평양을, 황색 띠는 적도를, 또 12개의 꼭지점을 갖는 별은 이 나라가 12개의 서로 다른 부족(部族)으로 이루어진 섬 나라임을 상징하고 있다.

면적	24km²
면적순위	222위
인구	1만 390명 (97년 7월)
인구밀도	433명/km²
자원	인광석
수도	없음. 정부소재지는 야렌(Yaren)
주민	나우르인(58%), 주변도서출신주민(26%), 중국인(8%), 유럽인(8%)
언어	나우루어, 영어
종교	개신교, 가톨릭

면적	92만 3,768㎢
면적순위	32위
인구	1억 712만명(97년7월)
인구밀도	116명/㎢
자원	석유, 천연가스, 석탄
수도	아부자(Abuja, 25만명)
주민	하우사족(21%), 요루바족(20%), 이보족(17%), 후라니족(9%)
언어	영어(공용어), 기타 부족어
종교	회교(50%), 기독교(40%)

백색은 평화와 통합을, 양쪽의 녹색은 국가경제의 기반(基盤)이 되는 농업과 풍부한 농산물을 상징한다고 한다.

나이지리아
(Federal Republic of Nigeria)

(1:2)

면적	122만 5,772㎢
면적순위	25위
인구	4,232만명(97년7월)
인구밀도	34.5명/㎢
자원	금, 다이아몬드, 크롬, 니켈, 바나듐
수도	프리토리아(Pretoria, 110만명)
주민	흑인(75%), 백인(4%), 유색인종(9%), 인도계(3%)
언어	아프리칸어, 영어(공용어), 기타부족어
종교	기독교(백인전체와 흑인60%), 힌두교, 회교, 기타토속종교

특이한 디자인의 적·백·청·녹·흑·황색 등 6가지 색으로 된 국기의 색채에 대해서 각각 특이한 뜻을 정의하지 않았으며, 다만 깃봉 쪽으로부터 시작하여 중심까지 와 있는 "V"자 형의 것이, 다시 단순한 띠 모양으로 우측 끝까지 와 있는 것에 대하여 의미를 부여하고 있다. 즉 이것은 이 나라의 다양한 요소들이 점차 한 곳으로 집중하여 결국엔 화합의 길로 이른다는 것을 상징한다고 한다.

남아프리카 공화국
(Republic of South Africa)

(2:3)

면적	3만 7,334㎢
면적순위	134위
인구	1,564만명(97년7월)
인구밀도	418명/㎢
자원	석유, 천연가스, 석탄, 소금
수도	암스테르담(Amsterdam,108만명),정부소재지 헤이그(The Hague, 09만명)
주민	네덜란드인(96%), 외국인(4%)
언어	네덜란드어(공용어)
종교	가톨릭(36%), 개신교(27%)

적색은 많은 전투에 임한 국민의 용기를, 백색은 신의 영원한 축복을 받는 신앙심을, 청색은 조국에 대한 충성심을 나타낸다고 한다.

네덜란드
(Kingdom of The Netherlands)

(2:3)

면적	800㎢
면적순위	179위
인구	21만 1,093명(97년7월)
인구밀도	263명/㎢
자원	정유, 관광
수도	윌렘스닷(Willemstad)
주민	네덜란드안틸제도크리올인 84%, 백인 6.1%, 기타
언어	네덜란드어
종교	가톨릭 83.8%, 개신교 10.2%, 유태교 0.3%, 무종교자 2.6%

적·백·청의 3색은 네덜란드 국기의 색채이며, 5개의 백색 5각 별은 이 제도(諸島)를 구성하고 있는 보네르(Bonaire), 쿠라시오(Curacao), 세인트 마틴(St. Martin), 세인트 유스타티우스(St. Eustatius) 및 사바(Saba) 섬 등 5개의 섬을 상징한다.

네덜란드안틸제도
(Netherlands Antilless)

(2:3)

면적	14만 7,181㎢
면적순위	94위
인구	2,310만명(97년7월)
인구밀도	159명/㎢
자원	삼림, 수자원
수도	카트만두(Kathmandu, 41만명)
주민	구르카족, 네와르족, 부티아족, 렙차족, 림족, 마가르족, 구룽족
언어	네팔어(공용어)
종교	힌두교(86%), 불교(8%), 회교(4%)

위의 삼각형 안에는 달이, 아래 삼각형 안에는 해가 들어있으며, 국기의 두 꼬리는 히말라야 산맥의 무수한 산봉우리를 뜻한다고 한다. 적색은 네팔의 국민색이고, 달과 해는 이 나라의 종교인 불교를 상징하며 이 두 개의 천체(天體)가 존재하는 한 나라도 영구히 존재하기를 염원하는 간절한 뜻이 담겨있다.

네팔
(Kingdom of Nepal)

(4:3)

노르웨이
(Kingdom of Norway)

(8:11)

국기의 색은 오랜 세월 동안 외국의 지배 하에 있었으나 십자의 색을 청색으로 하여 프랑스 혁명의 적·백·청의 3색으로 만들어 어느 것이나 자유를 상징하는 것으로 하였다.

면적	38만 6,919㎢
면적순위	61위
인구	439만명 (97년 7월)
인구밀도	11.3명/㎢
자원	석유, 철광석, 동광석, 아연
수도	오슬로 (Oslo, 47만명)
주민	노르웨이인(87%), 스웨덴인, 핀란드인, 랩족
언어	노르웨이어(공용어)
종교	루터교(국교)

노포크섬
(Norfolk Island)

(1:2)

이 섬의 소나무(Araucaria excelsa)를 기의 중앙에 넣었는데, 이 나무는 이곳에서 대칭적으로 키가 60미터까지 자라기 때문에 이 섬의 기념비적(記念碑的) 상징으로 되어 있다.

면적	35㎢
면적순위	220위
인구	2,194명 (97년 7월)
인구밀도	62.6명/㎢
자원	
수도	킹스톤 (Kingston)
주민	
언어	영어
종교	성공회 36.8%, 기타 63.2%

뉴질랜드
(New Zealand)

(1:2)

이 나라의 국기는 영연방의 일원임과 동시에 과거 영국 식민지였다는 것을 나타내는 유니온 잭에 이 나라의 문장이라고 할 수 있는 남십자자성의 성좌(星座)를 뜻하는 네 개의 별을 넣은 것으로 해석할 수 있다.

면적	26만 8,808㎢
면적순위	75위
인구	358만명 (97년 7월)
인구밀도	13.3명/㎢
자원	농·목축, 목재, 어류, 석탄, 천연가스
수도	웰링턴 (Wellington, 32만 7,000명)
주민	유럽계(88%), 마오리족(8.9%)
언어	영어·마오리어(공용어)
종교	성공회(22%), 장로교(18%), 가톨릭(15%), 감리교(5%)

니우에
(Niue)

(1:2)

유니온 잭은 영국의 보호령(保護領)인 것을 뜻하며; 황색은 태양이 이 나라를 밝게 비치며, 이 나라를 다스린 뉴질랜드에 대하여 따뜻한 감정을 갖고 있음을; 유니온 잭에 있는 네 개의 황색 별은 비록 색과 형태가 다르지만 뉴질랜드의 국기로부터 따온 남십자성(南十字星)의 성좌(星座)를; 중앙에 있는 큰 황색 별은 이 섬의 표시임을 각각 상징하고 있다.

면적	259㎢
면적순위	205위
인구	1,708명 (97년 7월)
인구밀도	6.6명/㎢
자원	
수도	알로피 (Alofi)
주민	대부분 폴리네시안, 뉴질랜드인 약간
언어	영어
종교	집합교회 68.2%, 기타 31.8%

니제르
(Republic of Niger)

(6:7)

국기의 색채는 국토의 지리적 내용에 따라 국토의 동부(東部)와 북부지방의 대부분이 사하라 사막에 포함되어 있는 것을 오렌지색으로, 남부와 서부지방의 초원(草原)을 녹색으로 표시하였으며; 일면 오렌지색은 독립혁명을; 백색은 평화와 순결(純潔), 그리고 결백(潔白)을; 녹색은 번영과 희망, 그리고 우애(友愛)를 상징한다고도 한다. 또 중앙에 있는 오렌지색의 원반(圓盤)은 태양을 뜻하며, 이는 또한 국민의 권리를 지키기 위해서는 자기 희생도 불사한다는 이 나라 국민의 의지를 상징한다고 한다.

면적	126만 7,000㎢
면적순위	22위
인구	938만명 (97년 7월)
인구밀도	7명/㎢
자원	우라늄
수도	니아메 (Niamey, 40만명)
주민	하우사족(56%), 제르마족(22%)
언어	프랑스어(공용어)
종교	수니파 회교(80%)

니카라과
(Republic of Nicaragua)

(3:5)

면적	12만 1,428㎢
면적순위	99위
인구	438만명 (97년 7월)
인구밀도	36명/㎢
자원	커피, 면화, 사탕수수
수도	마나과 (Managua, 108만명)
주민	혼혈(69%), 백인(17%), 흑인(9%), 원주민(5%)
언어	스페인어 (공용어)
종교	가톨릭 (95%)

이 나라 국기의 두 청색띠는 태평양과 대서양을 뜻함과 동시에 청색은 정의와 충성을, 백색은 순결과 정직을 나타내고 있다. 국기 중앙에 있는 국장은 국장편에서 논하기로 한다.

대한민국
(Republic of Korea)

(2:3)

아시아

면적	9만 9,237㎢
면적순위	109위
인구	4,594만명 (97년 7월)
인구밀도	463명/㎢
자원	
수도	서울 (Seoul)
주민	한국인 99.9%, 기타 0.1%
언어	한국어
종교	불교 19.9%, 개신교 16.1%, 가톨릭 4.6%, 유교 1.2%

국기의 흰 바탕은 백색을 존중하는 백의민족의 순결성과 단일성을 나타내며, 적색과 청색은 스펙트럼의 상대적인 양쪽 끝의 색이기도 하다. 동양철학 사상을 내포하고 있는 태극은 절대성을 상징하며, 위쪽의 적색은 양(陽)으로 하늘을, 아래 쪽 청색은 음(陰)으로 땅을 의미하며, 선악, 주야, 남녀, 양음과 같은 음양설에 의하여 여러가지 것의 다양성과 합일성을 표현하고 있다. 바깥의 네괘(卦)는 동서남북, 사계(四季) 등의 대응으로 왼쪽 위의 건(乾)은 하늘, 여름을; 오른쪽 밑의 곤(坤)은 해, 봄을; 오른쪽 위의 감(坎)은 달, 가을을; 왼쪽 밑의 리(離)는 땅, 겨울을 뜻한다.

덴마크
(Kingdom of Denmark)

(28:37)

유럽

면적	4만 3,075㎢
면적순위	132위
인구	530만명 (97년 7월)
인구밀도	123명/㎢
자원	유황, 석회석
수도	코펜하겐 (Copenhagen, 134만명)
주민	덴마크인, 에스키모인, 독일인
언어	덴마크어 (공용어)
종교	루터복음교(91%), 가톨릭, 개신교

이 나라의 기는 1219년 6월 15일의 승리를 가져왔기 때문에 "하늘로부터의 신호"라는 의미를 갖게 되었으며, 또 이 의미는 기독교국에 대한 로마 교황의 지지와 원조를 상징한다고 한다.

도미니카공화국
(Dominican Republic)

(2:3)

아메리카

면적	4만 8,422㎢
면적순위	129위
인구	786만명 (97년 7월)
인구밀도	102명/㎢
자원	사탕수수, 커피, 니켈, 보크사이트, 금, 은
수도	산토도밍고 (Santo Domingo, 131만명)
주민	혼혈(73%), 백인(16%), 흑인(11%)
언어	스페인어 (공용어)
종교	가톨릭 (95%)

국기 속의 십자는 희생과, 성실 및 힘을; 청색은 투쟁하여 얻은 자유를; 적색은 자유를 위한 투쟁에서의 피와 열정을 상징한다. 국기 중앙에 있는 국장은 국장편에서 설명하기로 한다.

도미니카연방
(Commonwealth of Dominica)

아메리카

면적	752㎢
면적순위	181위
인구	6만 6,633명 (97년 7월)
인구밀도	88.6명/㎢
자원	사탕수수, 코코넛, 오렌지, 바나나
수도	로소 (Roscau, 2만명)
주민	흑인과혼혈이 90% 이상, 카리브원주민, 인도계백인
언어	영어(공용어), 프랑스어
종교	가톨릭(77%), 영국성공회

중앙에 있는 국조(國鳥) 황제(Sisserou) 앵무새는 좀더 높은 곳을 향한, 또한 포부의 성취를 위한 비상을 상징한다고 한다. 적색은 국가발전을 위해 채택한 사회주의 계획을, 10개의 별은 이 나라의 10개 행정교구를 말하며, 십자는 국민의 종교적 의식을 나타냄과 동시에 세 줄로 된 것은 성삼위를 뜻한다고 한다. 또한 황색은 태양, 귤과 바나나 및 이 나라의 토착 카리브인디안을; 흑색은 국토와 국민의 다수를 점하고 있는 아프리카 출신의 사람들을; 백색은 이 나라의 맑은 물과 국가이념의 순수성을; 그리고 녹색은 삼림과 울창한 숲을 뜻한다고 한다.

독일연방공화국
(Federal Republic of Germany)

(3:5)

흑색은 인권 억압에 대한 비참함과 분노를, 적색은 자유를 동경하는 정신을, 황색은 진리를 뜻한다고 한다.

면적	35만 7,042km²
면적순위	63위
인구	8,207만명 (97년 7월)
인구밀도	230명/km²
자원	석탄, 아연, 코발트, 비스무스
수도	베를린 (Berlin, 344만명)
주민	게르만족 (95%)
언어	독일어 (공용어)
종교	개신교 (45%), 가톨릭 (37%)

라오스
(Lao People's Democratic Republic)

(2:3)

적색은 구국투쟁에서 흘린 피, 또는 국민의 연대(連帶)를; 청색은 국토와 번영을; 백색은 나라의 장래와 정의를 나타내며; 백색 원은 만월(滿月)을 뜻하며 이는 옛부터 행복과 복지(福祉)의 상징으로 되어있다.

면적	23만 6,800km²
면적순위	83위
인구	511만명 (97년 7월)
인구밀도	21.5명/km²
자원	목재, 커피
수도	비엔티안 (Vientiane, 37만명)
주민	라오족 (60%), 기타 소수종족
언어	라오어 (공용어)
종교	불교 (95%)

라이베리아
(Republic of Liberia)

(10:19)

적·백 11개의 줄무늬는 이 나라의 독립선언서에 서명한 사람의 숫자를 뜻하며, 캔턴 부위의 청색 바탕에 넣은 백색의 5각별은 이곳 검은 대륙에서 그 당시 이 나라가 유일한 독립국가였음을 상징한다고 한다.

면적	11만 1,370km²
면적순위	103위
인구	260만명 (97년 7월)
인구밀도	23명/km²
자원	철광석, 천연고무, 커피, 코코아, 다이아몬드
수도	몬로비아 (Monrovia, 43만명)
주민	원주민 부족 (95%), 미국이주흑인 (5%)
언어	영어 (공용어), 기타부족어
종교	토속신앙 (70%), 회교 (20%), 기독교 (10%)

라트비아
(Republic of Latvia)

드물게도 바탕색이 녹슬은 색으로 된 것은 전설에 의하면 검은 딸기 집으로 흰 천을 염색하는 과정에서 유래되었다고 하며, 이는 주권(主權)을 쟁취하기 위한 투쟁에서 희생된 사람들의 피를 상징하며; 백색은 자유 라트비아에서 자유를 누리는 국민들의 정의, 성실(誠實), 신뢰성(信賴性), 및 명예를 상징한다고 한다.

면적	6만 3,700km²
면적순위	123위
인구	242만명 (97년 7월)
인구밀도	38명/km²
자원	이탄, 석고, 목재
수도	리가 (Riga, 89만명)
주민	라트비아인 (53.5%), 러시아인 (33.5), 벨라루시인 (4.2%)
언어	라트비아어 (공용어), 러시아어
종교	카톨릭, 개신교, 러시아정교

러시아
(Russia)

백색은 평화, 마음의 순결, 정의, 썩지 않는 완성을; 청색은 신념, 성실, 항구성, 정의를; 그리고 적색은 에너지, 힘, 그리고 "신념, 황제 및 조국을 위해 흘린 피를 상징한다.

면적	1,707만 5,400km²
면적순위	1위
인구	1억 4,730만명 (97년 7월)
인구밀도	8.6명/km²
자원	철광석, 석탄, 석유, 비철금속
수도	모스크바 (Moskow, 874만명)
주민	러시아인 (81.5%), 타타르인 (3.8%), 우크라이나 (3%), 체첸인 (1.2%)
언어	러시아어 (공용어), 우크라이나어, 벨라루시어
종교	러시아정교 (25%), 무종교 (60%)

면적	1만 400㎢
면적순위	162위
인구	344만명(97년7월)
인구밀도	330명/㎢
자원	석회석, 철광석
수도	베이루트(Beirut, 150만명)
주민	아랍인(95%), 아르메니아인(4%)
언어	아랍어(공용어), 프랑스어, 영어
종교	회교(75%), 기독교(25%)

레바논
(Republlc of Lebanon)

(2:3)

적색과 백색은 7세기부터 18세기 초까지 레바논을 둘로 나눠 대립해온 두 민족을 나타내기도 하며(적색은 Qaysites족, 백색은 Yamaniteswhr족), 백색은 순결과 평화를, 적색은 독립을 위한 싸움에서 바친 희생과 용기를 나타낸다. 국기의 가운데에 있는 삼(衫)나무는 이 나라의 특산물로서, 이에 대하여는 국민의 다수를 차지한 마론파 기독교도들이 신앙에 가까운 애착을 갖고 있으며 이 나라의 옛부터의 상징으로서 평화와 신성(神聖), 그리고 영원을 상징한다.

면적	3만 355㎢
면적순위	139위
인구	200만명(97년7월)
인구밀도	65.8명/㎢
자원	양모, 다이아몬드
수도	마세루(Maseru, 11만명)
주민	소토족(99.7%), 기타 유럽 및 아시아계
언어	영어(공용어), 소토어
종교	기독교(80%)

레소토
(Kingdom of Lesotho)

국가적 표어를 상징하는 세 가지 색, 즉 백·청·녹의 색채를 대각선 형으로 디자인하여 넣었으며, 좌측의 백색 바탕에는 이 나라 고유의 방패와 그 뒤에 19세기에 사용된 '앗세가이'라고 불리는 투창(投槍)과 '케리'라고 불리는 투봉(投棒)을 넣어 국방(國防)을 상징케 하였다.

면적	23만 7,500㎢
면적순위	82위
인구	2,246만명(97년7월)
인구밀도	94.5명/㎢
자원	석유, 목재, 천연가스, 석탄, 철
수도	부쿠레슈티(Bucuresti, 206만명)
주민	루마니아인(89.1%), 헝가리인(8.9%)
언어	루마니아어(공용어)
종교	루마니아정교(70%), 가톨릭(6%)

루마니아
(Romania)

(2:3)

청색은 맑은 하늘을, 황색은 풍부한 광물자원을, 적색은 국민의 용기를 뜻한다고 한다.

면적	2,568㎢
면적순위	171위
인구	42만명(97년7월)
인구밀도	163.5명/㎢
자원	철
수도	룩셈부르크(Luxembourg, 7만 5,400명)
주민	독일계, 외국인(3분의 1)
언어	룩셈부르크어(공용어), 프랑스어, 독일어
종교	가톨릭(97%), 유태교(3%)

룩셈부르크
(Grand Duchy of Luxembourg)

(3:5)

국기의 색채는 이미 1288년에 룩셈부르크 가문(家門)의 하인리히 6세가 사용하였던 "청색 줄무늬가 있는 은 바침 위의 적색 사자"의 문장과 관계가 있다고 한다.

면적	2만 6,338㎢
면적순위	146위
인구	773만명(97년7월)
인구밀도	293명/㎢
자원	커피, 텅스텐, 천연가스
수도	키갈리(Kigali, 23만 2,700명)
주민	후투족(90%), 투치족(9%)
언어	프랑스어·킨야르완다어·영어(공용어)
종교	가톨릭(48%), 전통종교(25%), 회교(1%)

르완다
(Republic of Rwanda)

(2:3)

적색은 혁명에 흘린 피와 고난을, 황색은 이 나라의 자유로운 국민이 평온히 그리고 평화롭게 사는 것을 녹색은 장래에 대한 희망과 이 나라 농업의 부유함을 상징하고 있다고 한다. 그리고 "R"자를 아프리카의 색채인 흑색으로 넣어 단순히 이 나라 이름의 첫글자라는 것 외에도 "르완다(Rwanda)는 혁명(Revolution)에 의하여, 국민투표(Referndum)에 의하여 확인된 공화국(Republic)임을 동시에 뜻한다고 한다

리비아

(Socialist People's Libyan Arab Jamahiriya)

(1:2)

이 나라의 기는 특이하게도 녹색만의 단일색(單一色) 국기로서, 이 녹색은 이 나라의 지도자 가다피가 주장하는 것처럼 "녹색혁명(綠色革命)"의 상징일 뿐만 아니라 이는 또한 국가 종교인 회교의 상징이기도 하다.

면적	177만 5,500㎢
면적순위	17위
인구	564만명 (97년7월)
인구밀도	3명/㎢
자원	석유, 밀, 보리
수도	트리폴리 (Tripoli, 98만명)
주민	아랍인, 베르베르인
언어	아랍어 (공용어)
종교	수니파 회교 (97%)

리투아니아

(Lithuania)

황색은 물결치는 곡물의 들녁을 상징케 하여 농업의 부유함과, 인생의 결실을; 녹색은 많은 삼림(森林)과 국민의 활력(活力)을; 적색은 이 나라 식물상(植物相)의 다양함과, 자유를 위한 투쟁에서 순교자들이 흘린 피를 각각 상징한다고 한다.

면적	6만 5,200㎢
면적순위	121위
인구	361만명 (97년7월)
인구밀도	55명/㎢
자원	철광석, 이탄, 석회암
수도	빌니우스 (Vilnius, 59만명)
주민	리투아니아인(80%), 러시아인(9%), 폴란드인(8%)
언어	리투아니아어(공용어), 러시아어, 폴란드어
종교	가톨릭, 루터교, 러시아 정교

리히텐슈타인

(Liechtenstein)

(2:3)

청색은 하늘을; 적색은 가정에서 저녁 때 불이 빛남을; 왕관은 국민과 국가, 그리고 왕실이 한마음, 한정신으로 결합되어 있음을 뜻한다고 한다.

면적	160㎢
면적순위	212위
인구	3만 1,389명 (97년7월)
인구밀도	196명/㎢
자원	
수도	파두츠 (Vaduz, 5,072명)
주민	독일계(95%), 기타(5%)
언어	독일어 (공용어)
종교	가톨릭(87%), 개신교(8%)

마다가스카르

(Democratic Republic of Madagascar)

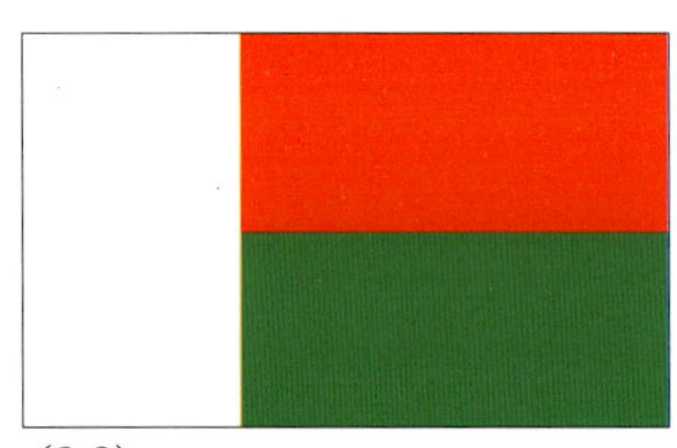

(2:3)

전체적으로 조국, 혁명, 자유를 뜻하는 이 나라 국기는 또 일면으로는 백색은 이상(理想)의 순수함을, 적색은 독립을, 그리고 녹색은 행복한 장래에 대한 희망을 각각 상징한다고 한다.

면적	58만 7,041㎢
면적순위	45위
인구	1,406만명 (97년7월)
인구밀도	24명/㎢
자원	크롬, 흑연, 커피
수도	안타나나리보 (Antananarivo, 66만명)
주민	메리나족(26%), 베치미사라카족(15%), 베칠레오족(12%)
언어	말라가시어 · 프랑스어 (공용어)
종교	기독교(41%), 회교(7%), 전통종교(52%)

마데이라

(Madeira)

(2:3)

중앙에 적색테를 두른 백색 십자를 두었는데, 이것은 그 지방 분리주의(分離主義)의 상징이며, 청색은 이 섬을 둘러 싸고 있는 대서양 뿐만 아니라 아름다움, 광명(光明), 그리고 평화를; 황색은 알맞은 기후만이 아니라 부(富), 힘, 성실(誠實) 및 단결도 함께 상징하고 있다.

면적	796㎢
면적순위	180위
인구	26만 (91년)
인구밀도	326명/㎢
자원	포도, 설탕, 바나나
수도	
주민	포르투갈인, 에스파니아인
언어	
기타	대서양상의 포르투갈령의 섬

아메리카

면적	1,091㎢
면적순위	177위
인구	40만 2,984명 (97년 7월)
인구밀도	369명/㎢
자원	
수도	포르드 프랑스 (Fort de France)
주민	뮬래토 93.7%, 프랑스인 2.6%, 동인디안 1.7%
언어	프랑스어
종교	가톨릭 87.9%, 기타 12.1%

연 하늘색 바탕이 백색 십자로 4등분되어 4개의 칸에는 똑같이 상체를 세우고 "L"자 형으로 몸을 튼 백색 뱀이 들어 있다. 이 "L"자는 성 루시아(St. Lucia)에서 루시아(Lucia)의 첫 글자로, 이 기가 제정된 18세기 말에는 이 섬은 당시 프랑스 식민지였던 성 루시아 마르티니크(St. Lucia—Martinique)의 일부분이었기 때문이다.

마르티니크
(Department of Martinique)

오세아니아

면적	181㎢
면적순위	211위
인구	6만 652명 (97년 7월)
인구밀도	335명/㎢
자원	인광석, 코코넛, 수산물
수도	마주루 (Majuro, 1만 2,800명)
주민	마이크로네시아계
언어	영어(공용어), 마샬어, 일본어
종교	개신교

별은 적도로부터 북쪽으로 불과 몇 도 밖에 안되는 곳에 위치한 이 나라를 상징하며; 24개의 빛살은 전 주민을, 그중 4개의 긴 빛살은 수도인 마주로와 기타의 세 행정구(行政區)를, 또한 국민들의 기독교인으로서의 신앙(信仰)을; 청색은 태평양을; 백색은 광명(光明)을; 그리고 오렌지색은 부유(富裕)함과 용감성(勇敢性)을 각각 상징하고 있다.

마샬제도
(Trust Territory of the Marshall Islands)

(1:2)

오세아니아

면적	701㎢
면적순위	183위
인구	12만 7,616명 (97년 7월)
인구밀도	182명/㎢
자원	인광석, 수산물
수도	팔리키르 (Palikir)
주민	마이크로네시아계, 폴리네시아계
언어	영어(공용어), 트럭어
종교	가톨릭, 개신교

네 개의 별은 이 나라를 구성하고 있는 회원국인 트루크(Truk), 야프(Yap), 폰페이(Pohnpei) 및 코스래(Kosrae)를, 그리고 청색은 태평양을 상징한다고 한다.

마이크로네시아
(Federated States of Micronesia)

(3:5)

유럽

면적	2만 5,713㎢
면적순위	147위
인구	199만명 (97년 7월)
인구밀도	77명/㎢
자원	석탄, 철, 아연
수도	스코폐 (Skopje, 44만명)
주민	마케도니아인(67%), 알바니아인(21%)
언어	마케도니아어, 알바니아어, 터키어
종교	마케도니아정교(59%), 회교(26%)

이 나라의 국명과 국기에 있어서는 이웃에 있는 그리스가 역사적인 유래를 들어 강력히 이의를 제기하고 있는 실정이다. 국기 속의 문장은 "Star of Vergina"로서, 그리스는 이는 알렉산더 대왕의 아버지인 필립 2세의 무덤에서 발견된 것이기 때문에 그리스 문화의 소유물이라고 주장하고 있다.

마케도니아
(Macedonia)

아프리카

면적	11만 8,484㎢
면적순위	100위
인구	960만명 (97년 7월)
인구밀도	81명/㎢
자원	석회암, 석탄
수도	릴롱웨 (Lilongwe, 23만 4,000명)
주민	체와족, 니안자족, 야오족
언어	영어, 치체와어(공용어)
종교	개신교(55%), 카톨릭(20%), 회교(20%)

흑색 바탕에 31개의 햇살을 갖는 해돋이 문양은 전 아프리카 대륙에 자유를 위한 희망이 밝아 온다는 것을 상징하며, 흑색은 아프리카 인을, 적색은 아프리카의 자유를 위하여 죽은 사람들의 피를, 그리고 녹색은 비옥한 국토를 상징하고 있다.

말라위
(Republic of Malawi)

(2:3)

말레이시아
(Malaysia)

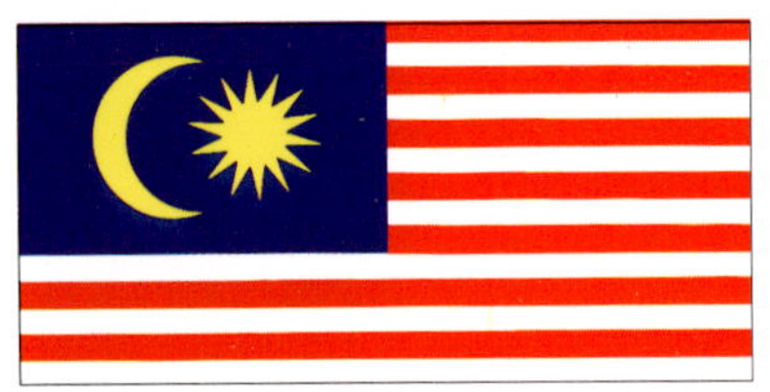
(1:2)

14개의 줄무늬는 14개의 주(州)를 뜻하며, 적색과 백색은 이곳 동남아 지역에서   흔히 볼 수 있는 색이다.
청색은 영국기에서 따온 것으로서, 영연방에 속해 있음을 뜻한다. 초승달과 별은 회교의 상징이며, 이를 황색으로 칠한 것은 연방을 이루고 있는 주의 대부분이 군주제인 것을 나타내고 있다.

면적	32만 9,758km²
면적순위	67위
인구	2,049만명(97년7월)
인구밀도	62명/km²
자원	고무, 목재, 석유
수도	콸라룸푸르(Kuala Lumpur, 95만명)
주민	말레이계(54%), 중국계(35%), 인도계(10%)
언어	말레이어(공용어), 중국어, 타밀어, 영어
종교	회교(말레이계), 불교(중국계), 힌두교(인도계)

말리
(Republic of Mali)

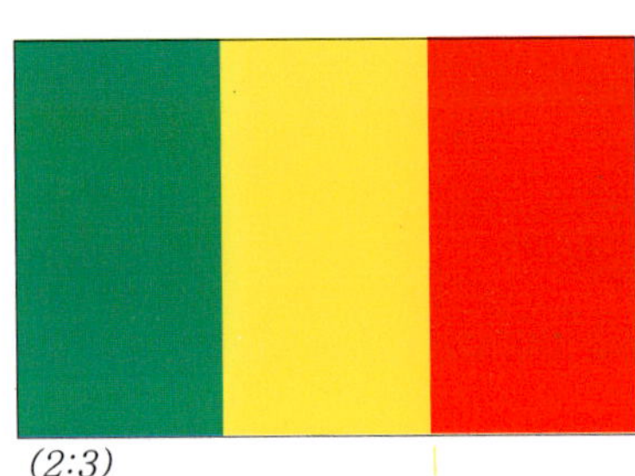
(2:3)

녹색은 희망과 초목(草木)을, 황색은 태양과 광물자원이 풍부함을, 그리고 적색은 용기와 국민의 혁명적 과거를 각각 상징하고 있다.

면적	124만km²
면적순위	24위
인구	978만명(97년7월)
인구밀도	7.8명/km²
자원	인광석, 우라늄, 금
수도	바마코(Bamako, 67만 5,000명)
주민	밤바라족 등 다수 부족
언어	프랑스어(공용어)
종교	회교(65%)

맨섬
(Isle of Man)

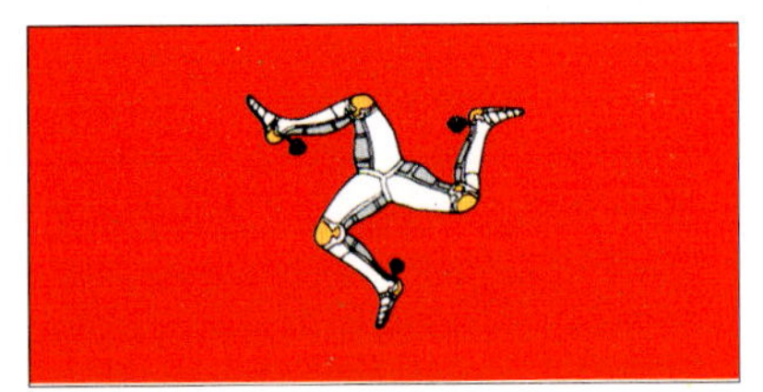
(1:2)

적색 바탕에 무릎을 구부린 세 다리가 대퇴부 위에서 서로 부착되고 발은 시계 방향으로 향하고 있다. 세 다리에는 백색 갑옷이 입혀져 있는데, 그것엔 박차(拍車)가 달린 황금색 장식이 달려있다. "트리나리아(Trinacria)"라고 알려진 이 기는 공공건물에도 게양되고 있다.

면적	572km²
면적순위	188위
인구	7만 4,504명(97년7월)
인구밀도	130명/km²
자원	
수도	더글라스(Douglas)
주민	
언어	영어
종교	성공회 62.5%, 기타 37.5%

멕시코
(United Mexican States)

(4:7)

녹색은 독립을, 백색은 종교의 순수성을, 그리고 적색은 스페인 사람과 인디안, 그리고 메스티조간의 평등을 뜻한다고 한다. 국기에 들어 있는 이 나라 건국사(建國史)와 관련있는 국장은 국장편에서 설명하기로 한다.

면적	196만 7,183km²
면적순위	15위
인구	9,756만명(97년7월)
인구밀도	49.5명/km²
자원	석유, 금, 은, 동, 아연, 우라늄
수도	멕시코시티(Mexico City, 1,500만명)
주민	혼혈(60%), 원주민(30%), 백인(9%)
언어	스페인어
종교	가톨릭(92.6%), 개신교(3.3%)

모나코
(Monaco)

(4:5)

적색과 백색은 지금도 이 나라를 다스리고 있는 그리말디(Grimaldi) 왕가의 빛깔에서 유래되었다고 한다.

면적	1.95km²
면적순위	226위
인구	3만 1,892명(97년7월)
인구밀도	16,354명/km²
자원	
수도	모나코 빌(Monaco-Ville, 1,443명)
주민	프랑스인, 이탈리아인, 모나코인
언어	프랑스어(공용어), 이탈리아어, 영어
종교	가톨릭(국교)

면적	45만 8,370㎢
면적순위	55위
인구	3,039만명(97년7월)
인구밀도	66명/㎢
자원	인광석, 철광석, 망간
수도	라바트(Rabat, 160만명)
주민	아랍인(64%), 베르베르족(35%)
언어	아랍어(공용어), 프랑스어, 베르베르어, 스페인어
종교	회교(99%), 기독교(1%)

모로코
(Kingdom of Morocco)

적색은 왕실의 색이며 동시에 인간의 자유를, 녹색은 회교의 색이며, 아울러 승리에 대한 희망을 각각 상징하며, 녹색별은 솔로몬 왕의 옥쇄(玉璽)로서 다섯 개의 각(角)은 국교인 회교의 다섯 가지 율법을 상징한다고 한다.

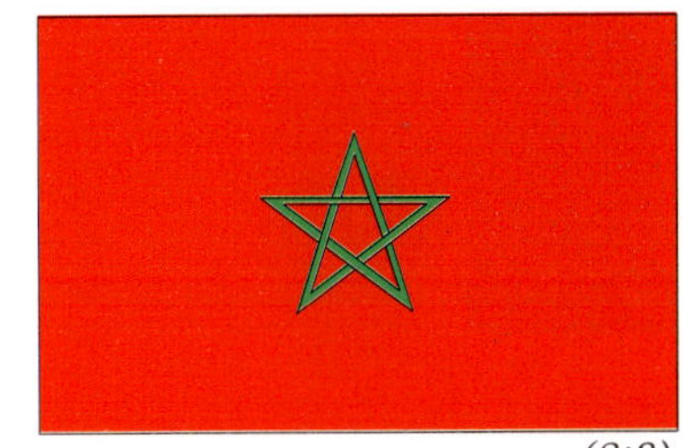

(2:3)

면적	2,040㎢
면적순위	174위
인구	115만명(97년7월)
인구밀도	563명/㎢
자원	사탕, 차
수도	포트루이스(Port Louis, 14만명)
주민	인도계 모리셔스인(68%), 크리올인(27%)
언어	영어(공용어), 프랑스어, 크리올어, 힌디어, 중국어
종교	힌두교(50%), 기독교(31%), 회교(16%), 불교(3%)

모리셔스
(Mauritius)

적색은 독립을 위한 투쟁에서 흘린 피를, 청색은 이 나라를 사방에서 둘러싸고 있는 인도양을, 황색은 자유와 신생 독립의 빛을, 그리고 녹색은 풍성(豊盛)한 농업과 항상 푸른 초목을 각각 상징하고 있다.

(2:3)

면적	103만 700㎢
면적순위	29위
인구	241만명(97년7월)
인구밀도	2.3명/㎢
자원	철광석, 동광석
수도	누악쇼트(Nouakchott, 80만명)
주민	아랍인, 흑인
언어	아랍어/프랑스어(공용어), 핫사니아어
종교	회교(국교)

모리타니
(Islamic Republic of Mauritania)

녹색 바탕에 별과 초승달의 문양을 넣어 국민 전부가 믿고 있는 회교를 강력하게 상징하고 있다. 국기의 녹색과 황색은 좀더 남쪽에 있는 나라들의 적·황·녹의 범아프리카의 색과 연관시키는 것 외에도 다수 민족인 무어(Moor) 족만이 아니라 상당히 많은 흑인이 이 나라에 살고 있음을 살필 수 있다고 한다. 녹색은 또한 번영과 희망도 함께 상징히고 있다고 한다.

(2:3)

면적	80만 1,590㎢
면적순위	35위
인구	1,816만명(97년7월)
인구밀도	22.6명/㎢
자원	석탄, 티타늄, 니켈, 천연가스
수도	마푸토(Maputo, 78만명)
주민	반투족 등
언어	포루투갈어(공용어)
종교	토속종교(60%), 가톨릭(30%), 회교(10%)

모잠비크
(Republic of Mozambique)

녹색은 국토의 윤택함을, 적색은 식민지 정책에 대한 저항과 국민해방을 위한 무력투쟁을, 흑색은 아프리카 대륙을, 황색은 풍부한 광물자원을, 그리고 백색은 국민 투쟁의 타당성과 평화를 각각 상징한다고 한다. 국기에 들어 있는 문장은 국장을 단순화한 것으로서 큰 황색별은 사회주의 경제와 사회의 건설을, 그 위에 있는 펼쳐진 책은 교육을, 괭이는 농민과 농업생산을, 총은 국방과 경계를 각각 상징하고 있다.

(3:5)

면적	102㎢
면적순위	215위
인구	1만 2,800명(97년7월)
인구밀도	125명/㎢
자원	
수도	플리머스(Plymouth)
주민	
언어	영어
종교	성공회 36.7%, 감리교 20.8%, 기타 42.5%

몬트세라트
(Montserrat)

영국의 식민지이므로 유니온 잭이 들어 있는 영연방의 기가 주제(主題)이며, 오른쪽 바탕의 중앙에 이미 1909년부터 사용하고 있던 이 나라의 문장이 들어 있다.

(1:2)

몰다비아
(Republic of Moldova)

적·황·청의 3색은 19세기 때 함께 루마니아를 형성하였던 월라챠(Wallachia) 지방의 전통적인 색채이며, 중앙에는 국장이 들어있다. 이 나라 국기가 루마니아의 것과 매우 닮은 것은 역사적으로나 인종적으로, 또한 언어학적으로도 깊은 연관이 있기 때문이다. 국장에 대해서는 국장편에서 논하기로 한다.

면적	3만 3,700km²
면적순위	137위
인구	445만(97년7월)
인구밀도	132명/km²
자원	석탄, 석고, 인광석
수도	기시네프(Kishinev, 67만명)
주민	몰도바인(64.4%), 우크라이나인(13.8%), 러시아인(13.0%), 가가우즈인(3.5%)
언어	몰도바어(공용어)
종교	몰도바정교(90%)

몰디브
(Republic of Maldives)

(2:3)

녹색은 평화와 진보, 그리고 회교를; 자유를 위해 흘린 피를; 초승달은 역시 회교를 뜻한다고 한다.

면적	302km²
면적순위	202위
인구	28만명(97년7월)
인구밀도	927명/km²
자원	수산물
수도	말레(Male, 6만 2,000명)
주민	싱할리인, 드라비다인, 아랍인의 혼혈
언어	디베히어(싱할리어계)
종교	회교(국교)

몰타
(Republic of Malta)

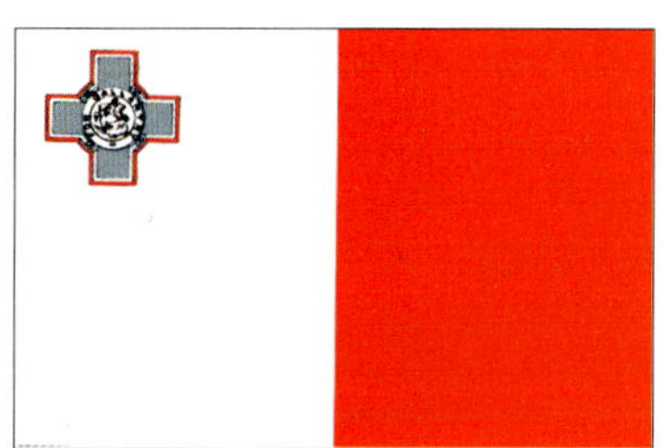

(2:3)

종이색기(從二色旗)인 독특한 2색기는 그 기원이 11세기라고는 하나 증거는 없다고 한다. 제2차 세계대전 중 연합군의 일원으로 잘 싸웠던 것에 대하여 그 보답으로 영국왕에 의하여 몰타주민에게 성(聖) 조지 훈장이 수여되었으며, 이를 국기에 표시하였다.

면적	320km²
면적순위	201위
인구	37만명(97년7월)
인구밀도	1,156명/km²
자원	
수도	발레타(Valletta, 9,200명)
주민	이탈리아인, 아랍인, 프랑스인
언어	몰타어, 영어(공용어)
종교	가톨릭

몽골
(Mongolian People's Republic)

(1:2)

적색은 혁명만이 아니라 사랑과 승리를; 청색은 구름 한 점 없는 하늘과, 나라에 대한 충성을; 황색은 사랑과 우정을 나타낸다. 좌측의 문장은 몽골의 심볼인 "소욤보"(Soyombo)로서, 맨 위의 불꽃은 행복과 만족을; 세 개의 불꽃은 과거, 현재와 미래를; 그 밑의 해와 달은 우주의 이상과 영원함을 준다고 한다. 그 밑과 맨 아래의 삼각형은 각각 화살과 창으로서 아래로 향하는 것은, 적에게 죽음을 준다는 뜻이며, 또 그 밑의 가로 막대기는 맨 밑의 것과 함께 평평한 스텝초원과 솔직성을; 가운데의 두 물고기로 된 불교문양은 음양의 심볼로 주의와 경계를; 양 옆의 긴 작대기는 기둥과 힘을 나타낸다.

면적	156만 6,500km²
면적순위	19위
인구	253만명(97년7월)
인구밀도	1.6명/km²
자원	석탄, 구리, 몰리브덴
수도	울란 바토르(Ulan Bator, 60만명)
주민	몽골인(90%), 카자흐인(4%), 중국인(2%)
언어	몽골어(공용어)
종교	라마교(94%), 회교(6%)

미국
(United States of America)

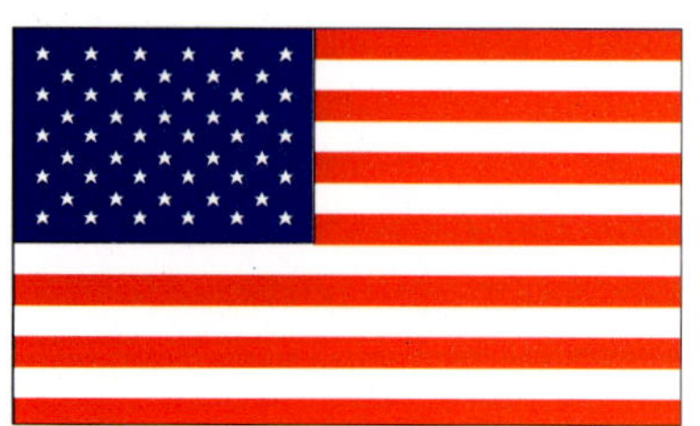

(10:19)

7개의 적색 줄무늬와 6개의 백색 줄무늬로 된 13개의 줄무늬는 처음 형성된 북미연합을 구성한 13개 주를 뜻하며, 50개의 별은 오늘날의 50개 주를 나타내고 있다. 전해오는 말에 의하면, 국기에 대하여 다음과 같이 풀이한 사람은 조지 와싱턴 자신으로, 별은 하늘에서 따오고 적색은 영국의 색에서 백색줄은 모국으로부터의 분리를 표시하였다고 한다.

면적	962만 8,382km²
면적순위	3위
인구	2억 6,795만명(97년7월)
인구밀도	27.8명/km²
자원	석탄, 석유, 천연가스, 철, 동
수도	워싱턴(Washington, 70만)
주민	백인(80.3%), 흑인(12.1%), 아시아계(2.9%), 인디언(0.8%)
언어	영어(일부 지역에서 스페인어 통용)
종교	개신교(56%), 가톨릭(28%), 유대교(2%)

면적	355㎢
면적순위	199위
인구	9만 7,240명 (97년7월)
인구밀도	274명/㎢
자원	
수도	샤롯트 아말리 (Sharlotte Amalie)
주민	흑인 79.7%, 백인 14.8% 기타 5.5%
언어	영어
종교	기독교 98%, Bahai교 0.5%, 유태교 0.3%

미국령버진제도
(Virgin Islands of the United States)

(2:3)

미국의 국장을 기초로 하여 중앙에 미국의 독수리가 두 나래를 활짝 펴고 가슴에는 미국 국장 속의 독수리 가슴과 똑같은 방패문양을 달고 오른쪽 발톱으로는 평화의 상징인 올리브나무 가지를, 왼쪽의 발톱으로는 세 개의 청색 화살을 잡고 있으며, 양 옆에는 이 나라 명칭의 첫 글자인 "V"자와 "I"자가 들어있다.

면적	197㎢
면적순위	209위
인구	5만명 (93년)
인구밀도	254명/㎢
자원	
수도	팽고팽고 (Pago Pago=Pango Pango)
주민	폴리네시아계 (89%)
언어	사모아어, 영어
종교	집합교회 56.4%, 기타 43.6%

미국령 사모아
(American Samoa)

(1:2)

미국의 독수리가 사모아 추장(酋長)의 권위의 상징인 전투용 곤봉(棍棒), 우아토기(Uatogi)와 의회(議會)의 지혜의 상징인 의식용(儀式用) 작대기 퓨(Fue)를 잡고 있다. 국기의 색채는 함께 사모아와 미국의 색이며, 미국의 독수리가 사모아의 전통적인 상징물을 잡고 있다는 것은 미국의 보호와 우정을 상징하는 것이라고 한다.

면적	67만 8,300㎢
면적순위	40위
인구	4,510만명 (95년 7월)
인구밀도	66.4명/㎢
지원	쌀, 목재, 원유, 동
수도	양곤 (Yangon, 479만명)
주민	버마족(68.9%), 산족(8.4%), 카렌족(6.2%)
언어	버마어(공용어), 영어, 힌디어, 중국어
종교	불교(89.4%), 기독교(4.9%), 회교(3.8%)

미얀마
(Union of Myanmar)

(5:9)

적색은 용기와 단결, 그리고 목적의 견지(堅持)를; 백색은 순결과 명예 및 정직과 진실을; 청색은 평화와 인내를 상징한다고 한다. 그리고 14개의 이(齒)를 가진 톱니바퀴와 두 줄기의 벼는 분리될 수 없는 공업과 농업의 연합을 뜻하며, 14개의 별은 연방을 구성하고있는 7개 주와 7개 지방을 나타내고 있다.

면적	1만 2,190㎢
면적순위	157위
인구	18만 1,358명 (97년7월)
인구밀도	14.8명/㎢
자원	코프라, 수산물, 코코넛, 망간
수도	포트 빌라 (Port Vila, 1만 9,000명)
주민	멜라네시아계 (94%), 프랑스인 (4%)
언어	영어/프랑스어(공용어), 비슬라마어(피진영어)
종교	개신교(36.7%),영국성공회(15%),가톨릭(15%),토착종교(7.6%)

바누아투
(Republic of Vanuatu)

(3:5)

적색은 풍습에 따르면 희생되는 돼지의 피를 상징하나, 이것은 또한 모든 국민을 단결하게 하는 인간의 피도 상징하며; 녹색은 이 나라를; 그리고 흑색은 비옥한 토양과 멜라네시아인을 각각 상징한다고 한다. 또 황색의 Y자형 줄무늬는 Y자형으로 배열되어 있는 이 나라 도서들 안에서의 평화를, 원주민들이 즐겨 쓰는 장식품인 황색의 멧돼지 어금니는 힘과 부유함을, 그리고 교차시켜 놓은 두 개의 내임을(Namele) 양치 나무 잎은 일반적으로 추장의 상징이나 지금은 또한 신생국가와 그의 헌법을, 또 양치의 39개의 잎은 국회의원의 수를 각각 상징한다고 한다.

면적	693㎢
면적순위	185위
인구	60만 3,318명 (97년7월)
인구밀도	870.5명/㎢
자원	석유, 천연가스
수도	마나마 (Manama, 13만 9,000명)
주민	바레인인 (63%), 인도인, 파키스탄인
언어	아랍어(공용어)
종교	회교(85%)

바레인
(State of Bahrain)

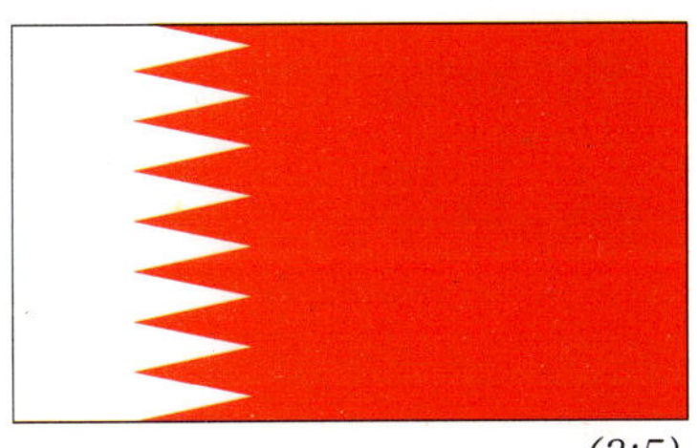

(3:5)

적색은 원래 이 일대에 살고있는 하리주파 회교도들의 상징이며 고유한 색으로서 피를 뜻하며 백색은 평화를 나타낸다고 한다.

바베이도스
(Barbados)

(2:3)

중앙의 황금색은 이 나라 해변의 모래를, 양 옆의 청색은 이 나라를 둘러 싸고 있는 바다와 하늘을 나타내고 있다고 한다. 중앙에 있는 흑색 삼지창(三枝槍)은 해신(海神) 넵튠(Neptune)의 것으로서, 이 나라 국민의 생활이 바다와 연관되어 있음을 뜻하며, 삼지창의 세 갈래 끝은 "국민으로부터, 국민과 더불어, 그리고 국민을 위하여"라는 민주정부의 원칙을 상징한다고 한다. 이 삼지창은 식민지 시대 때, 이 나라 문장의 일부분이었으나, 독립한 다음 이 창의 손잡이 부분을 제거하여 이 나라가 식민지 시대 때의 과거와 결별(訣別)하였음을 강조하고 있다.

면적	431㎢
면적순위	195위
인구	25만명 (97년7월)
인구밀도	580명/㎢
자원	사탕수수, 석유
수도	브리지타운 (Bridgewtown, 7,500명)
주민	흑인(80%), 혼혈(16%), 유럽인(4%)
언어	영어
종교	개신교(67%), 가톨릭(4%)

바티칸
(Vatican City State)

(1:1)

바티칸의 기는 황ㆍ백의 종2색기로서, 우측의 중앙에는 그 머리가 밖으로 향하고 중앙부분이 X자로 교차된 두 개의 열쇠가 있고 그 위에 교황의 삼중관(三重冠)이 있다.

면적	0.44㎢
면적순위	227위
인구	1,227명 (93년 11월)
인구밀도	2,789명/㎢
자원	
수도	
주민	이탈리아인, 스위스인
언어	이탈리아어, 라틴어
종교	가톨릭

바하마
(The Commonwealth of The Bahamas)

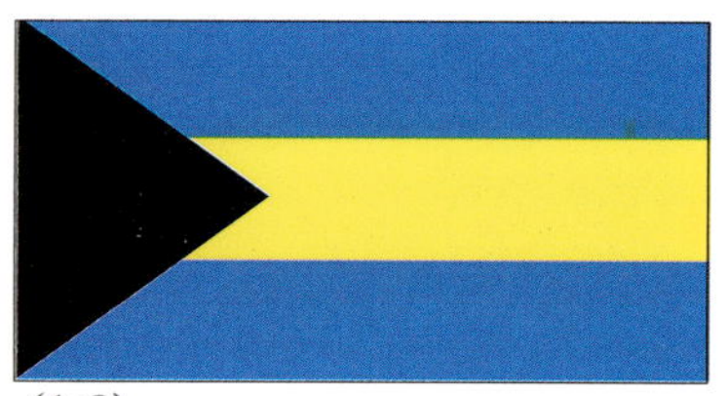
(1:2)

좌측의 흑색 삼각형은 이 나라 육지와 바다에 있는 풍부한 자원을 효율적으로 발전시키고 조절하는 이 나라 국민의 결단을; 황색은 이 나라의 해변과 태양을; 청색은 바다를; 흑색은 통합된 이 나라의 강력함과 힘을 상징하고 있다.

면적	1만 3,939㎢
면적순위	156위
인구	27만명 (97년7월)
인구밀도	19.4명/㎢
자원	수산물
수도	나소 (Nassau, 15만 4,000명)
주민	흑인(85%), 백인(15%)
언어	영어 (공용어)
종교	침례교(32%), 영국성공회(20%), 가톨릭(19%)

방글라데시
(People's Republic of Bangladesh)

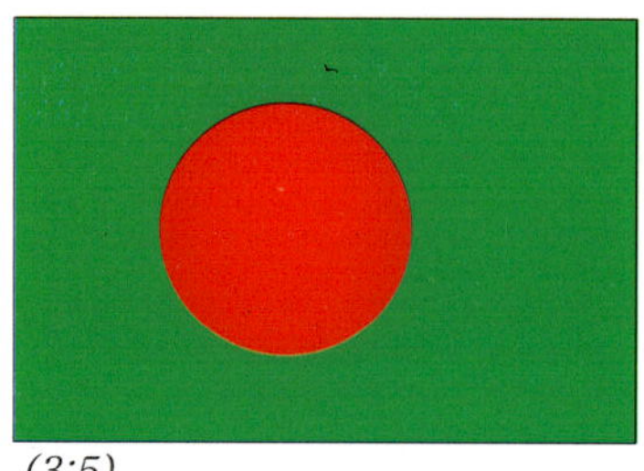
(3:5)

녹색바탕은 풍성한 국토와 젊은이의 환희, 그리고 회교도임을; 적색원은 새로이 떠오르는 자유의 태양과 이를 위하여 흘린 피를 뜻한다고 하며, 적색원이 기 길이의 20분의 1만큼 깃봉쪽으로 치우치게 한 것은 기가 바람에 나부낄때 중앙으로 오도록 하기 위함이다.

면적	14만 7,570㎢
면적순위	93위
인구	1억 2,534만명 (97년7월)
인구밀도	849명/㎢
자원	천연가스, 석탄
수도	다카 (Dhaka, 364만명)
주민	벵갈인(98%)
언어	벵갈어(공용어), 힌두어, 영어
종교	회교(86.6%), 힌두교(12.1%)

버뮤다
(Bermuda)

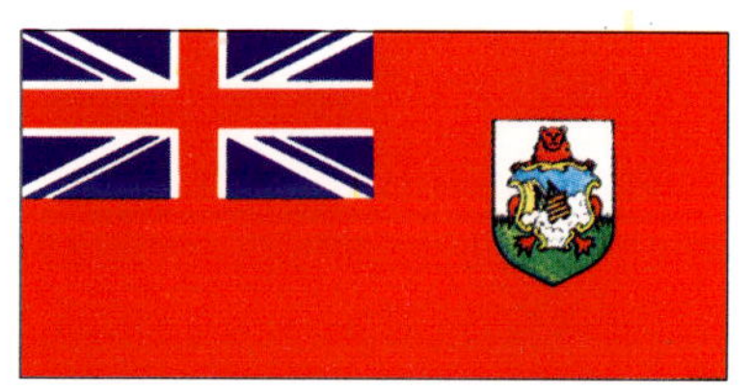
(1:2)

영국의 상선기(商船旗)에 문장을 넣은 것인데, 이와 같이 영국의 상선기를 바탕으로 한 기를 사용하는 예는 영연방 안에서 유일한 일이며, 이는 아마도 이곳에 온 첫 정착인들이 이러한 특수한 기를 단 영국 선박을 타고 온 것을 회상케 하는 것으로 생각된다고 한다. 문장은 국장편에서 설명하기로 한다.

면적	53㎢
면적순위	219위
인구	6만 2,569명 (97년7월)
인구밀도	1,180명/㎢
자원	
수도	해밀턴 (Hamilton)
주민	흑인 61.3%, 백인 37.3%, 기타 1.4%
언어	영어
종교	개신교 72.5%, 가톨릭교 13.8%, 무교 7.8%

베냉
(Republic of Benin)

(2:3)

아프리카	
면적	11만 2,622㎢
면적순위	101위
인구	590만명(97년7월)
인구밀도	52명/㎢
자원	석유, 면화, 광물
수도	포르토노브(Porto-Nowo, 14만명)
주민	폰족, 요루바족 등 42개 토착부족
언어	프랑스어(공용어)
종교	전통종교, 기독교, 회교

녹색과 황색은 이 나라가 남쪽의 야자나무 숲과 북쪽의 사베나(Savannah) 지대로 이루어져 있음을 상징하며, 적색은 이 남북 양쪽을 연결하는 끈을 상징함과 동시에 조상이 조국 방위를 위해 흘린 피를 상징하고 있다고 한다. 또 아울러 녹색은 농업과 희망을, 황색은 밝은 장래를, 그리고 적색은 용기를 상징한다고 한다.

베네수엘라
(Republic of Venezuela)

(2:3)

아메리카	
면적	91만 2,050㎢
면적순위	33위
인구	2,239만명(97년7월)
인구밀도	24.5명/㎢
자원	석유, 철광석, 다이아먼드, 금
수도	카라카스(Caracas, 343만명)
주민	메스티조(66%), 백인(22%), 흑인(10%), 원주민(2%)
언어	스페인어(공용어)
종교	가톨릭(89%), 개신교(2%)

황색은 신세계, 즉 베네수엘라를, 그리고 황금과 천연자원을; 청색은 카리브해를; 적색은 독립을 위해 흘린 피를 나타내고 있다. 그리고 국기의 중앙 청색바탕에 있는 7개의 별은 1811년 독립선언서에 서명한 7개 주(州)를 나타낸다.

베트남
(Socialist Republic of Vietnam)

(2:3)

아시아	
면적	33만 1,688㎢
면적순위	66위
인구	7,512만명(97년7월)
인구밀도	226명/㎢
자원	쌀, 수산물, 석탄, 석유
수도	하노이(Hanoi, 250만명)
주민	베트남족(90%), 중국계(3%), 기타 60여 소수종족
언어	베트남어(공용어)
종교	불교(80%), 카톨릭(9%)

적색은 혁명과 자유를 위해 흘린 피를, 황색 별은 민족의 단결과 사회주의 건설을 뜻하며, 별의 다섯 꼭지는 각각 노동자, 농민, 지식인, 젊은이 및 군인을 나타낸다고 한다.

벨기에
(Kingdom of Belgium)

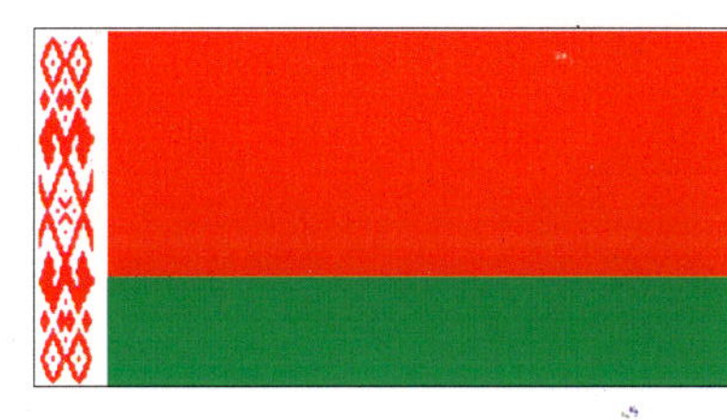
(13:15)

유럽	
면적	3만 519㎢
면적순위	138명
인구	1,016만 5,059명(97년7월)
인구밀도	333명/㎢
자원	석탄
수도	브뤼셀(Brussels, 96만명)
주민	플라망인(55%), 왈론인(33%)
언어	네덜란드, 프랑스어, 독일어
종교	가톨릭(97%)

국기의 3색은 브라반트(Brabant), 흘란더스(Flanders) 및 하이너트(Hainaut) 공국(公國)의 문장에서 유래되어 지금의 종 3색기로된 것은 1831년 1월 23일에 법에 의하여 정식으로 제정되었다고 한다.

벨라루시
(Republic of Belarus)

유럽	
면적	20만 7,600㎢
면적순위	85위
인구	1,016만 3,000명(94년)
인구밀도	49명/㎢
자원	이탄
수도	민스크(Minsk, 161만명)
주민	벨라루시인(77.9%), 러시아인(13.2%), 우크라이나인(4.1%)
언어	벨라루시어(공용어), 러시아어
종교	러시아, 정교, 가톨릭

위는 적색이고, 아래는 녹색인 횡2색기이고, 좌측변에 백색 띠가 있다. 이 백색 띠에는 수 세기 동안 이 나라 지방사람들의 민속의상(民俗衣裳)으로 특징 지워진 전형적인 자수(刺繡)의 양식(樣式)에 근원을 둔 적색의 벨라루시의 국가적 장식이 들어있다. 색채에 대해서는 공식적으로 어떤 상징적 의미를 주지않았다.

벨리즈
(Belize)

(2:3)

이 기는 여당의 당기(黨旗)로부터 유래된 것인데, 야당의 요구에 의하여 기의 상하에 가는 적색 띠를 첨가하였다. 중앙에는 큰 백색원이 있고 그 안에 50개의 월계수 잎으로 된 화관(花冠) 속에 이 나라의 국장이 들어있다. 이 50개의 월계수 잎은 1950년의 50을 가리키는 것으로서, 이때부터 독립운동이 활성화 되었던 것을 기념하는 것이다. 가운데 흰 원 안의 그림은 국장과 같으므로 국장편에서 설명하기로 한다.

면적	2만 2,965㎢
면적순위	149위
인구	22만명 (97년7월)
인구밀도	9.6명/㎢
자원	농산물, 목재
수도	벨모판(Belmopan, 5,300명)
주민	혼혈(44%), 크리올인(30%), 마야인(11%)
언어	영어(공용어), 스페인어
종교	가톨릭(62%), 개신교(30%)

보스니아헤르체고비나
(Bosnia–Herzegovina)

아메리카에 대응되는 유럽

자료 없음.

면적	5만 1,129㎢
면적순위	126위
인구	322만명 (97년7월)
인구밀도	63명/㎢
자원	동, 아연, 금
수도	사라예보(Sarajevo, 38만3,000명)
주민	회교도(44%), 세르비아인(31%), 크로아티아인(17%)
언어	세르비아어, 크로아티어(공용어)
종교	회교(40%), 세르비아정교(31%), 가톨릭(15%)

보츠와나
(Republic of Botswana)

(2:3)

청색은 하늘과 물을, 흑색은 흑인을, 백색은 백인을 표시하게 하여 중앙에 함께 넣음으로써 두 인종간의 평등과 단합을 뜻하게 하였다.

면적	58만 2,000㎢
면적순위	46위
인구	150만명 (97년7월)
인구밀도	2.6명/㎢
자원	다이아먼드, 동, 니켈
수도	가보로네(Gaborone, 13만 8,000명)
주민	츠와나족(95%), 백인(1%)
언어	츠와나어(국어), 영어(공용어)
종교	토착종교(65%), 기독교(30%)

볼리비아
(Republic of Bolivia)

(2:3)

적색은 이 나라 병사들의 용기를, 황색은 풍부한 광물자원을, 그리고 녹색은 국토의 비옥함을 뜻한다고 한다. 중앙에 있는 국장은 국장편에서 설명하기로 한다.

면적	109만 8,581㎢
면적순위	28위
인구	766만명 (97년7월)
인구밀도	7명/㎢
자원	주석, 석유, 천연가스
수도	수크레(Sucre:법률상의수도,9만명), 라파스(LaPaz:행정수도,71만명)
주민	원주민(55%), 혼혈(32%), 백인(13%)
언어	스페인어(공용어)
종교	가톨릭(95%)

부룬디
(Republic of Burundi)

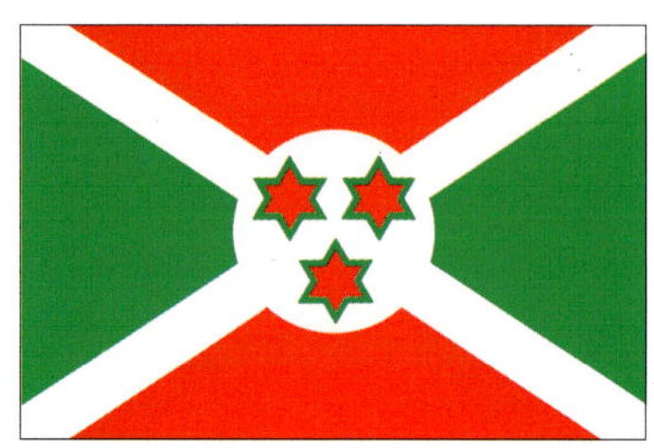
(2:3)

적색은 자유를 위한 투쟁에서의 희생을, 녹색은 발전과 희망을, 백색은 평화를 상징한다고 한다. 중앙에 있는 세 개의 별은 이 나라의 표어(標語)인 "단결, 노동, 발전"의 세 가지와 이 나라의 3개 부족인 후투(Hutu), 투트시(Tutsi) 및 트와(Twa)족을 상징한다고 한다.

면적	2만 7,834㎢
면적순위	140위
인구	605만명 (97년7월)
인구밀도	217명/㎢
자원	커피, 니켈
수도	부줌부라(Bujumbura, 21만 5,000명)
주민	후투족(85%), 투치족(14%)
언어	프랑스어/키룬디어(공용어), 스와힐리어
종교	카톨릭(65%)

아프리카

면적	27만 4,200㎢
면적순위	73위
인구	1,089만명(97년7월)
인구밀도	40명/㎢
자원	망간, 석회석
수도	와가두구(Ouagadougu, 44만 2,000명)
주민	모시족(50%)외 50여개 종족
언어	프랑스어(공용어), 모시어
종교	전통종교(65%), 회교(25%), 기독교(10%)

서 아프리카의 볼타(Volta)강이 백(白)볼타, 적(赤)볼타, 그리고 흑(黑)볼타의 세 지류(支流)로 이 나라에서부터 시작되기 때문에, 이들 강의 이름으로부터 국기의 색채가 유래되기도 하였으니 탈식민지화(脫植民地化)의 새로운 국면(局面)을 표시하기 위하여 국명을 바꾸고 국기와 국장을 변경하였다. 즉, 과거의 흑·백·적의 횡3색기에서 적·녹의 횡 2색기에, 중앙에 큰 황색 별을 두어 범 아프리카의 3색기로 하였다.

(2:3)

아시아

면적	4만 6,500㎢
면적순위	130위
인구	186만명(97년7월)
인구밀도	40명/㎢
자원	목재
수도	팀푸(Thimphu, 2만 7,000명)
주민	부탄인(60%), 네팔인(25%), 티베트인
언어	종카어, 네팔어, 영어
종교	불교(75%), 힌두교(25%)

위의 황색은 국왕의 권위와, 국왕이 모든것에 대하여 적극적으로 지도역할을 한다는 것을 상징하며, 아래의 적색은 부탄의 불교가 갖는 정신적인 힘을 상징한다고 한다. 그리고 백색은 충성과 청렴을 뜻한다고 한다. 네발에 구슬을 잡고있는 용은, 용과 천둥을 뜻하는 국명(國名)처럼 용의 나라를 의미하는 것만이 아니라, 부탄의 계곡이나 산간에 울려퍼지는 용의 울음소리라고 믿어온 번개의 뜻도 지니고 있다고 한다.

(2:3)

오세아니아

면적	471㎢
면적순위	191위
인구	5만 3.552명(97년7월)
인구밀도	113.6명/㎢
자원	코코넛, 수산물
수도	사이판(Saipan, 2만 3,494명)
주민	차모로인, 일본인, 중국인, 한국인
언어	영어, 차모로어
종교	가톨릭

바탕색인 청색은 태평양을, 백색 별은 이 나라를 각각 상징하며, 별 뒤에 회색 라테(Latte)돌의 그림자를 넣었다. 이 돌은 옛 차모로(Chamorro)쪽 문화의 상징으로서, 식민지 이전 시대 때 추장(酋長)집의 지주(支柱)로서 사용된 것이며 지금도 현존(現存)하여 이 섬의 독특한 특징으로 되어 있다.

(20:39)

유럽

면적	11만 912㎢
면적순위	104위
인구	829만명(97년7월)
인구밀도	75명/㎢
자원	석탄, 철광석, 동, 석유
수도	소피아(Sofia, 113만명)
주민	불가리아인(85%), 터키인(9%), 집시족, 마케도니아인
언어	불가리아어(공용어)
종교	불가리아정교(85%), 회교(13%), 유태교

백색은 자유를 위한 헌신(獻身), 그리고 노동과 슬라브족의 형제애를; 녹색은 토지의 비옥함과 조국에 대한 충성을; 적색은 자결권(自決權)을 얻기 위한 전투에서의 국민의 용기를 각각 상징한다고 한다.

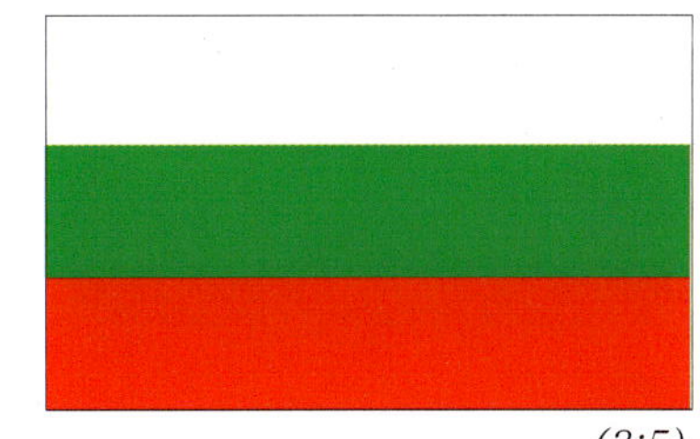

(3:5)

아메리카

면적	851만 1,965㎢
면적순위	5위
인구	1억 6,451만명(97년7월)
인구밀도	19명/㎢
자원	철광석, 보크사이트, 망간, 석영, 석유, 삼림
수도	브라질리아(Brasilia, 160만명)
주민	백인(55%), 메스티조(38%), 흑인(6%), 아시아계(1%)
언어	포루투갈어(공용어)
종교	가톨릭(93%)

초록색 바탕은 거대한 대지를 상징하며, 노란색은 브라질을 상징하는 색이고, 청색 원구의 27개의 성좌(星座)는 실제로 리오 데 자네이로(Rio de Janeiro)에서 바라 본 하늘의 천구의(天球儀)로 부터 따온 것으로 연방 주와 26개 주를 뜻하며, 이들 각개의 별에 따라 각각 고유의 주가 정해져 있는 것도 특이한 일이다. 이 성좌의 중앙부에 있는 남십자성은 이 나라 국민의 자유를 위한 투쟁을 기념하는 것이며, "질서(秩序)와 전진(前進)"이라는 표어가 적힌 백색 띠는 국가의 끊임없는 발전을 표시하는 상징이다.

(7:10)

브루나이
(Brunei)

(1:2)

국기의 황색은 왕실의 색이며, 백색은 첫번째 총리의 색이고, 흑색은 또다른 총리의 색으로서 이들 색깔은 계급을 표시하는 전형적인 말레이시아 왕자의 색채이다. 그리고 중앙에는 국장이 들어있는데, 이것에 대해서는 국장편에 적기로 한다.

면적	5,765㎢
면적순위	166위
인구	30만명 (97년 7월)
인구밀도	52명/㎢
자원	원유, 천연가스, 목재
수도	반다르 세리 베가완(Bandar Seri Begawan, 8만명)
주민	말레이계(69%), 중국계(18%), 토착인(5%), 기타(8%)
언어	말레이어(공용어), 영어, 중국어, 타밀어
종교	회교, 도교, 힌두교, 전통종교

사우디아라비아
(Kingdom of Saudi Arabia)

(2:3)

녹색은 회교의 색으로서, 명문의 내용은 "신은 오직 알라뿐이며 모하멧은 신의 사도니라"라는 것이며, 검은 회교의 번창함과 엄격한 왓하프교의 군사적 성공을 상징한다.

면적	214만㎢
면적순위	14위
인구	2,008만명 (97년 7월)
인구밀도	9.4명/㎢
자원	석유, 천연가스
수도	리야드(Riyadh, 240만명)
주민	아랍인(90%)
언어	아랍어(공용어)
종교	회교(100%)

산마리노
(Republic of San Marino)

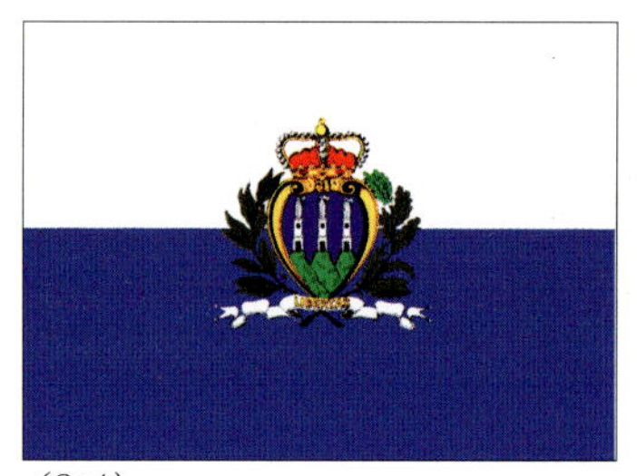
(3:4)

백색과 하늘색은 국장에 있는 색에서 따온 것으로서, 백색은 티타노(Titano)산의 눈을 뜻하며 순수성을, 하늘색은 이 나라의 하늘을 상징한다고 한다. 국기 속의 국장은 바로 국장이므로 국장편에서 설명하기로 한다.

면적	61㎢
면적순위	218위
인구	2만 4,714명 (97년 7월)
인구밀도	405명/㎢
자원	
수도	산 마리노(San Marrino, 4,385명)
주민	산마리노인(80%), 이탈리아인(18%)
언어	이탈리아어(공용어)
종교	가톨릭(국교)

상투메프린시페
(Democratic Republic of Sao Tome and Principe)

국기의 중앙에 있는 두 개의 흑색 5각 별은 이 나라를 구성하고 있는 두 개의 주된 섬인 상투메와 프린시페를 상징하고 있으며, 흑색은 또한 검은 아프리카의 한 나라임을, 적색은 국가해방을 위한 투쟁에서 죽은 영웅들의 피를, 황색은 카카오(Cacao)와 이의 국가경제에서의 중요성을, 그리고 녹색은 초목을 각각 상징하고 있다.

면적	964㎢
면적순위	178위
인구	14만 7,865명 (97년 7월)
인구밀도	153명/㎢
자원	코코아, 커피
수도	상투메(Sao Tome, 3만 5,600명)
주민	흑인노예들의 후손
언어	포르투갈어(공용어)
종교	카톨릭

서사모아
(Independent State of Western Samoa)

(1:2)

독립 후에도 경제면만이 아니라 다른 분야에서도 뉴질랜드의 강한 영향을 받고 있어서 뉴질랜드 국기에 있는 남십자성(南十字星)의 성좌(星座)를 넣었으며, 이 남십자성 하나하나의 크기나 위치까지도 뉴질랜드의 것과 동일하게 규정되어 있다. 적색은 용기를, 청색은 자유를, 그리고 백색은 순수성(純粹性)을 각각 상징한다고 한다.

면적	2,900㎢
면적순위	170위
인구	21만 9,509명 (97년 7월)
인구밀도	75.7명/㎢
자원	코코넛, 바나나, 커피, 목재, 수산자원
수도	아피아(Apia, 3만 4,000명)
주민	폴리네시아계(90%), 유럽계혼혈(7%)
언어	영어, 사모아어
종교	기독교(99.7%)

아프리카

면적	25만 2,120km²
면적순위	77위
인구	22만 8,138명 (97년 7월)
인구밀도	0.9명/km²
자원	
수도	엘리아운 (El Aaiun)
주민	무어족
언어	아랍어
종교	수니파 회교 100%

흑색은 적을 격파(擊破)함을, 적색은 아랍인 칼의 피를, 녹색은 비옥한 국토를, 그리고 백색은 순결(純潔)을 각각 상징한다고 한다. 또한 별과 초승달은 회교의 상징이다.

서사하라
(Western Sahara)

(2:3)

아프리카

면적	19만 6,192km²
면적순위	87위
인구	940만명 (97년 7월)
인구밀도	48명/km²
자원	인광석, 철광석
수도	다카르 (Dakar, 120만명)
주민	월로프족 (35%), 풀라니족 (17%)
언어	프랑스어 (공용어)
종교	회교 (92%), 기독교 (2%), 기타 (6%)

국기의 3색은 전체적으로 과거 식민지 시대 때의 투쟁시에 채택된 "통일, 민주주의, 평등"의 세 가지 원칙을, 녹색별은 희망과 아프리카의 통합을 각각 상징한다고 한다.

세네갈
(Republic of Senegal)

(2:3)

아프리카

면적	443km²
면적순위	193위
인구	7만 8,107명 (97년 7월)
인구밀도	176명/km²
자원	코코넛, 코프라, 어패류
수도	빅토리아 (Victoria, 5만 8,000명)
주민	크리올인 (흑백혼혈)
언어	영어/프랑스어 (공용어) 크리올어
종교	카톨릭 (92%)

적색은 혁명과 발전을, 또한 자랑스럽고 값진 국가를 건설할 땀과 노고(勞苦)를; 녹색은 이 나라 국민이 그들의 생활을 농업에 의존하고 있다는 것과 푸른 초목(草木)을; 백색의 파도무늬는 그들이 살고 있는 인도양의 자원과 아름다운 해변을 각각 상징하고 있다.

세이셸
(Republic of Seychelles)

(1:2)

아메리카

면적	616km²
면적순위	187위
인구	15만명 (97년 7월)
인구밀도	244명/km²
자원	바나나
수도	카스트리스 (Castries, 5만 3,800명)
주민	흑인 (90.3%)
언어	영어 (공용어), 프랑스어
종교	가톨릭, 영국성공회

청색은 카리브해와 대서양의 물을, 황색은 이 나라의 해변과 태양을, 흑색과 백색은 함께 살고 또 함께 일하고 있는 국민 중의 두 우수한 민족을 나타낸다. 또 흑색 삼각형은 이 나라의 유명한 피톤(Piton) 화산의 그로스 피톤(Gros Piton)과 페티트 피톤(Petit Piton)의 두 산봉우리를 표시하고 있다.

세인트루시아
(Saint Lucia)

(1:2)

아메리카

면적	389km²
면적순위	198위
인구	11만 9,092명 (97년 7월)
인구밀도	306명/km²
자원	바나나, 코코넛
수도	킹스타운 (Kingstown, 2만 6,500명)
주민	흑인과 혼혈
언어	영어 (공용어)
종교	영국성공회, 가톨릭

청색은 이 나라의 맑은 하늘과 바다를, 황색은 이 나라의 열대성의 강한 태양을, 녹색은 초목(草木)을, 그리고 백색은 순결을 상징하고 있다.

세인트빈센트그레나딘
(St.Vincent and the Grenadines)

(4:7)

세인트키츠네비스
(Federation of St.Kitts and Nevis)

(10:17)

녹색은 이 나라의 비옥한 국토를, 황색은 항상 존재하는 태양광선을, 흑색은 국민의 유산을, 적색은 해방을 위한 투쟁을, 그리고 두 개의 별은 희망과 자유를 상징한다고 한다.

면적	262㎢
면적순위	204위
인구	4만 1,803명 (97년 7월)
인구밀도	159명/㎢
자원	사탕수수, 코코야자
수도	바스테르(Basseterre, 1만 5,000명)
주민	흑인과혼혈
언어	영어(공용어)
종교	토착종교, 영국성공회

세인트피엘미켈론
(St. Pierre and Miquelon)

(2:3)

청색 바탕에 이 섬에 상륙한 프랑스인 탐험가(探險家)가 타고온 돛이 셋인 선박이 황색으로 그려져 있으며, 좌측에 세로로 들어있는 문양은 맨 위의 것이 적색바탕에 녹색 X자형 십자와 성 조지(St. George)의 십자가 들어있는 바스쿠어(Basque)의 기 이고, 가운데 것은 흰 담비(동물 이름)의 가죽으로 브리타니(Brittany)의 기에서 따온 것이며, 맨 아래의 것은 노르만(Norman)의 기이다. 이들 세 개의 기가 들어 있는 것은 이곳 섬들에 상륙한 초기 탐험가들의 출신 국가를 나타내고자 하는 것이다.

면적	242㎢
면적순위	207위
인구	6,862명 (97년 7월)
인구밀도	40.7명/㎢
자원	수산물
수도	세인트 피엘(Saint-Pierre)
주민	
언어	프랑스어
종교	가톨릭교 98.4%, 기타 1.6%

세인트헬레나 및 아센션섬
(St. Helena and Ascension)

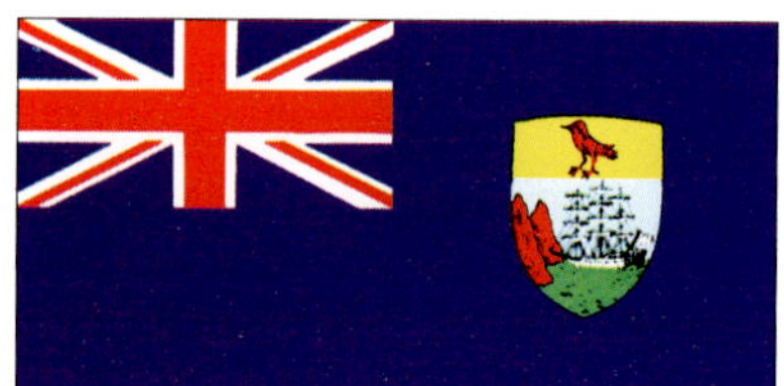
(1:2)

이 나라는 영국의 식민지이기 때문에 기는 물론 영국의 해상용관용기(海上用官用旗)에 이곳의 문장을 넣어 기로 제정한 것이다. 문장은 잘 꾸민 방패문양 속에 두 암석의 노두(露頭) 사이를 성 조지(St. George)의 적십자 기를 달고 항해하고 있는 동인도 회사(東印度會社)의 돛이 셋인 선박을 원색 그대로 그려 넣었다.

면적	412㎢
면적순위	197위
인구	7,036명 (97년 7월)
인구밀도	17명/㎢
자원	
수도	제임스타운(Jamestown)
주민	
언어	영어
종교	성공회 87.7%, 기타 12.3%

소말리아
(Somali Democratic Republic)

(2:3)

UN기의 색을 국기의 바탕색으로 한 국기로서, 청색은 맑은 하늘을, 백색 별은 아프리카의 자유를, 그리고 별의 5각은 이 국기를 제정할 당시 소말리인이 살고 있던 5개 지역, 즉 영국령 소말리랜드, 이탈리아령 소말리랜드, 프랑스령 소말리랜드(지금의 지부티), 케냐 및 에티오피아의 다섯 개 지방을 상징하고 있다.

면적	63만 7,657㎢
면적순위	45위
인구	659만명 (97년 7월)
인구밀도	10.3명/㎢
자원	암염, 아연, 동, 망간, 철광석
수도	모가디슈(Mogadishu, 50만명)
주민	소말리족
언어	소말리어(공용어), 아랍어, 영어
종교	수니파 회교(99%)

솔로몬제도
(Solomon Islands)

(2:3)

청색은 태평양의 물을, 황색은 태양을, 녹색은 비옥한 국토를, 그리고 5개의 별은 이 나라를 구성하고 있는 동부, 서부, 말라이타(Malaita), 중부 및 동외부(東外部)의 행정구(行政區) 등을 각각 상징하고 있다고 한다.

면적	2만 9,785㎢
면적순위	142위
인구	42만 7,000명 (97년 7월)
인구밀도	14.3명/㎢
자원	목재, 코프라, 코코넛, 금
수도	호니아라(Honiara, 4만 1,000명)
주민	멜라네시아계(93%), 폴리네시아계(4%)
언어	영어(공용어), 피진영어
종교	영국성공회(34%), 가톨릭(19%)

면적	237만㎢
면적순위	11위
인구	3,259만명(97년7월)
인구밀도	13.7명/㎢
자원	암염, 크롬, 망간, 석유
수도	하르툼(Khartoum, 300만명)
주민	아랍인(75%), 아프리카 흑인
언어	아랍어(공용어)
종교	회교(75%), 토착종교(15%), 기독교(10%)

적색은 혁명, 발전, 사회주의 및 애국열사의 피를; 백색은 평화, 낙천주의(樂天主義), 그리고 빛을, 또는 1924년의 혁명 때의 기와 관계가 있음을; 흑색은 이 나라의 이름이 아랍어로 검다는 것을 뜻한다는 것과, 이 나라의 남쪽은 '검은 아프리카'에 속해 있음을; 녹색은 회교와 번영(繁榮)을 각각 상징한다고 한다.

수단
(Republic of the Sudan)

(1:2)

면적	16만 3,265㎢
면적순위	92위
인구	42만명(97년7월)
인구밀도	2.6명/㎢
자원	보크사이트, 금, 원유
수도	파라마리보(Paramaribo, 19만 2,000명)
주민	인도계(37%), 크레올(흑백혼혈31%), 인니계(15%), 흑인(10%)
언어	네덜란드(공용어), 타키타키어, 영어, 힌디어, 인니어
종교	힌두교(27%), 개신교(25%), 가톨릭(32%), 회교(20%)

녹색은 나라의 뜰과 삼림, 여러 가지 자원과 새로운 수리남에 대한 희망을; 백색은 정의와 자유를; 적색은 국민으로 하여금 행동하게 하고 전진하도록 격려하는 사랑과 국가건설을 돕는 일을 수행하고자 하는 의욕을; 황색은 통합을 위한 자기 희생, 인류애,, 자신과 이 나라의 황금같은 장래를 위한 지도를; 그리고 5각의 별은 이 나라의 5개 인종의 통합을 각각 상징하고 있다.

수리남
(Republic of Suriname)

(2:3)

면적	6만 4,454㎢
면적순위	122위
인구	1,872만명(97년7월)
인구밀도	290명/㎢
자원	흑연, 운모, 보석원석
수도	스리자야와르데네푸라 코테(Sri Jayawardenepura Kotte, 11만명)
주민	싱할리족(74%), 타밀족(18%), 무어인(7%)
언어	싱할리어/타밀어(공용어)
종교	불교(69%), 힌두교(15%), 기독교(8%), 회교(8%)

사자는 스리랑카의 시조 싱마리 왕조의 비자야 왕을 나타내며, 주민의 대부분이 싱할리족(74%) 이외의 소수민족인 힌두교의 타밀족(18%)을 오렌지색 띠로, 회교도인 무어족(7%)을 녹색띠로 상징하여 기의 왼쪽에 추가하게 되었다. 적색 사각혁 안의 보리수 나무 잎은 다수민족의 종교인 불교를 나타내며, 황색은 태양의 빛을 뜻한다.

스리랑카
(Democratic Socialist Republic of Sri Lanka)

(5:9)

면적	1만 7,363㎢
면적순위	155위
인구	103만명(97년7월)
인구밀도	59.3명/㎢
자원	사탕, 석면, 석탄, 금
수도	음바바네(Mbabane, 3만 8,000명)
주민	스와지족(95%)
언어	스와지어, 영어(공용어)
종교	기독교(60%), 전통종교

청색은 평화를, 황색은 풍부한 광물자원을, 짙은 적색은 과거의 격렬하였던 투쟁을 각각 상징한다. 중앙에 있는 방패는 역사적인 에마소트사(Emasotsha) 연대(聯隊)의 방패로서, 흑색과 백색으로 된 것은 소가죽으로 만들어 이의 자연색을 옮겼기 때문이며, 그 뒤에는 두 개의 주루(Zulu) 족의 창과 한 개의 지팡이가 있다. 방패와 지팡이에는 천인조(天人鳥)의 깃털로 만든 틴조보(tinjobo)라고 불리는 것으로 장식되어 있는데. 이 깃털 장식은 황실의 상징이며 지팡이는 권력을 표시하는 권표(權標)이다.

스와질랜드
(Kingdom of Swaziland)

(2:3)

면적	44만 9,964㎢
면적순위	56위
인구	886만명(97년7월)
인구밀도	19.7명/㎢
자원	철, 주석, 납, 은
수도	스톡홀름(Stockholm, 151만명)
주민	스웨덴인(95%), 랩족
언어	스웨덴어(공용어)
종교	루터복음교(국교)

청·황색의 기원은 고사(古事)라든가, 이미 사용돼 오던 국장의 색과도 관계가 있는 것으로 생각된다고 하며, 황색 십자가는 기독교를 의미하기도 하나 여타 스칸디나비아 제국과의 밀접한 관계도 표시하고 있다고 한다.

스웨덴
(Sweden)

(5:8)

스위스
(Swiss Confederation)

(1:1)

붉은 바탕에 백십자를 넣은 기는 그 역사가 700년이 넘는다고 하며, 국기 속의 십자는 기독교와 자유의 표상이라고 한다.

면적	4만 1,293㎢
면적순위	133위
인구	724만명 (97년 7월)
인구밀도	174명/㎢
자원	알프스 산맥과 자연소호의 관광자원, 수력자원
수도	베른 (Bern, 14만 6,000명)
주민	독일계(65%), 프랑스계(18.4%), 이탈리아계(9.8%)
언어	독일어, 불어, 이탈리아어(공용어), 로망스어(1%)
종교	가톨릭(46%), 개신교(40%), 기타(5%)

스페인
(Kingdom of Spain)

(2:3)

황금색은 국토를, 적색은 국토를 지킨 피를 상징한다고 한다. 황금색 안의 그림은 국장으로 이는 국장편에서 설명하기로 한다.

면적	50만 4,782㎢
면적순위	51위
인구	3,910만명 (97년 7월)
인구밀도	77.5명/㎢
자원	석탄, 철, 아연, 수은
수도	마드리드 (Madrid, 301만명)
주민	스페인인, 카탈류냐족, 바스크족, 갈리시아족, 안달루시아족
언어	스페인어(공용어), 카탈류냐어, 바스크어, 갈리시아어
종교	가톨릭

슬로바키아
(Slovak Republic)

국기의 백·청·적의 3색은 슬라브 민족을 상징하는 색이며, 문장은 국장으로서 그 속의 십자는 그리스도교를 상징하며, 십자 밑의 것은 이 나라의 유명한 산봉우리를 표시한 것으로서, 각가 마트라(Matra), 타트라(Tatra), 그리고 파트라(Fatra)의 3개의 산을 나타내고 있다.

면적	4만 9,036㎢
면적순위	128위
인구	538만명 (97년 7월)
인구밀도	110명/㎢
자원	석탄, 동
수도	브라티슬라바 (Bratislava, 45만명)
주민	슬로바키아인(86%), 헝가리인(11%)
언어	슬로바키아어(공용어), 헝가리어
종교	가톨릭(60%), 개신교(8%)

슬로베니아
(Republic of Slovenia)

이 나라 국기 역시 범(汎) 슬라브 색채인 청·백·적의 3색을 사용하였으며, 캔턴부위에 국장을 넣었다. 국장은 국장편에서 논하기로 한다.

면적	2만 253㎢
면적순위	152위
인구	197만명 (97년 7월)
인구밀도	97명/㎢
자원	철광석, 아연, 석탄
수도	류블랴나 (Ljubljana, 27만명)
주민	슬로베니아인(88%), 크로아티아인(3%), 세르비아인(2%)
언어	슬로베니아어 (공용어)
종교	가톨릭

시리아
(Syrian Arab Republic)

(2:3)

적색은 자유를 위한 투쟁과 희생을, 백색은 평화를, 흑색은 과거의 어두웠던 식민지 시대를, 녹색은 국토를 뜻한다고 하며, 두 개의 별은 프랑스에 대한 저항과 독립이라는 두 가지의 혁명을 상징한다고 한다.

면적	18만 5,180㎢
면적순위	88위
인구	1,613만명 (97년 7월)
인구밀도	87명/㎢
자원	석유, 천연가스, 인광석
수도	다마스쿠스 (Damascus, 137만명)
주민	아랍인(85%), 아르메니아인(5%), 쿠르드인(3%)
언어	아랍어(공용어), 터키어, 아르메니어
종교	회교(85%), 기독교(13%)

면적	7만 1,740㎢
면적순위	118위
인구	489만명(97년7월)
인구밀도	68명/㎢
자원	다이아몬드, 철광석, 보크사이트, 커피
수도	프리타운(Freetown, 47만명)
주민	멘데족(35%), 템네족(30%)
언어	영어(공용어)
종교	회교(75%), 기독교(23%), 토착종교(2%)

녹색은 농업과 천연자원 뿐만 아니라 구릉지대(丘陵地帶)의 나라이므로 산악(山岳)의 뜻도 있으며; 백색은 평화, 정의 및 단결을; 청색은 수도(首都) 프리타운이 아프리카 연안의 천연적 양향(良港)의 하나임을 상징함과 동시에 이 도시를 활용하여 교역(交易)으로 세계평화에 기여(奇與)하기를 염원하는 국가적 희망을; 그리고 중앙의 백색은 통일과 정의를 각각 상징하고 있다고 한다.

시에라이온
(Republic of Sierra Leone)

(2:3)

아시아

면적	626㎢
면적순위	186위
인구	344만명(97년7월)
인구밀도	5,495명/㎢
자원	관광
수도	싱가포르
주민	중국계(76%), 말레이계(15%), 인도계(7%)
언어	영어, 중국어, 말레이어, 타밀어
종교	불교(70%), 회교(16%)

달과 별로 된 문장에 대해서는 다음과 같은 공식견해가 정해져 있다. 즉 초승달은, 다섯 개의 별이 상징하는 민주주의, 평화, 진보, 정의, 평등의 다섯 가지를 확립한다는 이상을 실현해가고 있는 젊은 국가를 표시한다는 것이다. 적색과 백색에 대해서도 적색은 온누리에 있는 동포들간의 사랑과 평등함을, 백색은 순결과 미덕을 상징한다고 공식적으로 설명되어 있다.

싱가포르
(Republic of Singapore)

(2:3)

중동

면적	7만 7,700㎢
면적순위	116위
인구	226만명(97년7월)
인구밀도	29명/㎢
자원	석유, 천연가스
수도	아부다비(Abu Dhabi, 24만 3,000명)
주민	아랍인, 인도인, 파키스탄인, 이란인
언어	아랍어(공용어)
종교	회교(수니파 80%, 시아파 20%)

7개의 추장국은 모두 적색과 백색만으로 한 국기를 사용하고 있으나 연방기는 범아랍권의 4가지 색으로 하였다. 백색은 청정한 생활을, 흑색은 가혹한 전쟁을, 녹색은 풍요(豊饒)한 국토를, 적색은 피비린내 나는 과거의 역시를 각각 뜻한다고 한다.

아랍에미리트연합
(United Arab Emirates)

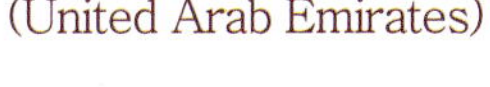

(1:2)

아메리카

면적	193㎢
면적순위	210위
인구	6만 8000명(97년7월)
인구밀도	352명/㎢
자원	
수도	오란예스탓드(Oranjestad)
주민	네델란드 안틸제도의 크리올인
언어	네델란드어
종교	가톨릭교 88.5%, 개신교 7.4%

청색은 이 나라가 대양 속에 위치해 있음을, 적색의 다른 도서들과 사람들로부터 멀리 떨어짐 없이 자유롭고 독립된 상태임을 즐거워 하고 있다는 것을 각각 상징한다고 한다.

아루바
(Aruba)

(2:3)

유럽

면적	2만 9,800㎢
면적순위	141위
인구	343만 3,000명(97년7월)
인구밀도	115명/㎢
자원	동, 아연, 몰리브덴, 알루미늄
수도	예레반(Yerevan, 120만명)
주민	아르메니아인(93.3%), 아제르바이잔인(2.6%)
언어	아르메니아어(공용어)
종교	아르메니아정교

국민색인 적·청·오렌지색의 횡3색기에 대하여 학자인 아리샨(Ghevont Alishan)은 "노아의 방주가 아라트(Ararat) 산에 와 닿았을 때 아르메니아 사람에게 주어진 무지개 국기"라고 권장(勸獎)하였다. 이 줄무늬의 색채는 알리산(Alishan) 신부는 적·녹·청색의 것이었으나, 다른 배열에 대해서 약 30년간 논의되었다고 한다.

아르메니아
(Republic of Armenia)

아르헨티나
(Argentine Republic)

(2:3)

하늘색은 정의, 진실 및 우애를; 태양은 '5월의 태양'이라고 불리며 자유를 상징한다.

면적	279만 1,810km²
면적순위	8위
인구	3,579만명 (97년7월)
인구밀도	13명/km²
자원	석유, 천연가스, 철, 구리, 우라늄
수도	부에노스 아이레스(Buenos Aires, 296만명)
주민	이탈리아계(40%), 스페인계(32%), 기타 유럽계
언어	스페인어
종교	가톨릭(국교)

아이슬란드
(Republic of Iceland)

(18:25)

청색은 이 나라의 전통적인 색으로서 바다와 하늘에 닿는 산봉우리를, 적색은 아직도 활동하고 있는 화산과 붉고 뜨거운 용암(鎔巖)을, 백색은 빙하와 빙산을 나타내고 있다.

면적	10만 3,000km²
면적순위	107위
인구	26만 9,000명 (97년7월)
인구밀도	2.6명/km²
자원	알루미늄
수도	레이캬비크(Reykjavik, 10만 850명)
주민	아이슬란드인
언어	아이슬란드어(공용어), 덴마크어
종교	루터복음교(96%)

아이티
(Republic of Haiti)

(35:44)

청색은 흑인과 아프리카의 전통임을, 적색은 자유를 위한 투쟁과 뮬래토(백인과 흑인의 혼혈)을 뜻하며, 이 두 인종의 상징색이 백색의 간격 없이 맞닿은 것은 두 인종의 단결을 상징한다고 한다. 국기 속의 문장은 바로 국장이며, 이것은 국장편에서 설명하기로 한다.

면적	2만 7,750km²
면적순위	145위
인구	661만명 (97년7월)
인구밀도	238명/km²
자원	사탕수수, 커피, 바나나
수도	포르토프랭스(Port-au-Prince, 74만명)
주민	흑인(95%), 혼혈(5%)
언어	프랑스어(공용어), 크리올어(토착어)
종교	가톨릭(85%), 부두교

아일랜드
(Republic of Ireland)

(1:2)

녹색은 가톨릭 교도인 옛부터 살던 켈트 사람과 노르만 계 영국 사람을, 오렌지색은 개신교도를, 백색은 두 종교집단간의 영원한 휴전(休戰)과 이의 간절한 소망을 나타낸다고 한다.

면적	7만 285km²
면적순위	119위
인구	360만명 (97년7월)
인구밀도	51명/km²
자원	아연, 천연가스
수도	더블린(Dublin, 100만명)
주민	아일랜드인
언어	게일어(제1공용어), 영어(제2공용어)
종교	가톨릭(94%), 개신교(6%)

아제르바이잔
(Azerbaijani Republic)

연한 청·적·녹의 횡3색기로 백색의 초승달과 8각의 별이 들어있다. 이 8각은 8개의 투투키어파(語派) 민족을 상징한다고 한다. 세 개의 띠는 이 나라의 여당인 아제르바이잔 국민당의 주장인 "투투키화, 회교화, 유럽화"에 부합되는 것이다. 즉, 연한 청색은 투투키어파 사람들의 전통적 색채이며, 녹색은 그들의 회교를, 적색은 유럽방식을 통한 아제르바이잔의 현대화의 진보를 상징하는 것이라고 한다.

면적	8만 6,600km²
면적순위	113위
인구	779만 7,000명 (97년7월)
인구밀도	90명/km²
자원	석유, 천연가스, 철, 알루미늄, 동
수도	바쿠(Baku, 115만명)
주민	아제르바이잔인(82.7%), 러시아인(5.6%), 아르메니아인(5.6%)
언어	아제르바이잔어(공용어)
종교	시아파 회교

아조레스
(Azores)

면적	2,347km²
면적순위	172위
인구	28만 3,000명(97년7월)
인구밀도	120명/km²
자원	
수도	
주민	
언어	포르투갈어
기타	포르투갈 자치주

종주국(宗主國)인 포루투갈의 국기처럼 바탕을 2색으로 하고, 2색으로 구획되는 선상에 황금색의 날고 있는 모습의 참매를 넣었으며, 그 위에 아치형으로 9개의 황금색 5각별을, 좌상(左上部)의 깃봉쪽에는 포르투갈 국장의 중심인 방패문양이 들어 있다. 참매는 아조레스의 상징이며, 9개의 별은 이 나라의 9개의 주된 섬을 상징하고 있다.

(2:3)

아프가니스탄
(Republic of Afghanistan)

아시아

면적	65만 2,225km²
면적순위	41위
인구	2,373만명(97년7월)
인구밀도	36.4명/km²
자원	천연가스, 석탄, 철광석
수도	카불(Kabul, 142만명)
주민	파슈툰인(38%), 타지크인(25%), 우즈베크인(6%)
언어	파슈툰어, 다리어(페르시아어)
종교	회교(99%)

새로 변경된 국기도 녹-백-흑색의 횡 3색기로서 중앙에 새로운 국장을 두었다.

(1:2)

안도라
(Valleys of Andorra)

유럽

면적	468km²
면적순위	192위
인구	6만 4,000명(97년7월)
인구밀도	136.8명/km²
자원	광천수, 목재, 납
수도	안도라 라 베야(Andorra la Vella, 2만 437명)
주민	스페인인(61%), 안도라인(30%), 프랑스인(6%)
언어	카탈란어(공용어), 스페인어, 프랑스어
종교	가톨릭

청색은 프랑스의 기를, 적색은 스페인의 기를, 황색은 이 나라 국민의 절대다수가 가톨릭교 신자이므로, 바티칸의 기라고 한다. 중앙의 국장문양은 국장과 거의 같으며, 다만 국장의 머리부분이 수정되어 왕관이 얹혀있고 방패문양 속이 좌산이 칸과 우차이 칸에 들어 있는 것이 모양과 색만이 약간 다를 뿐이어서 이 국장문양에 대해서는 "국장편"에서 설명하기로 한다.

(2:3)

안티가바부다
(Antigua and Barbuda)

아메리카

면적	442km²
면적순위	194위
인구	6만 3,000명(97년7월)
인구밀도	142.5명/km²
자원	
수도	세인트존스(St. Jones, 3만 6,000명)
주민	흑인과 혼혈인
언어	영어(공용어)
종교	가톨릭, 영국성공회

황금색의 떠오르는 태양은 이 나라 국민에게 신시대의 새벽이 왔음을, 청색은 희망을, 백색은 황색, 청색과 함께 이 나라 자연의 아름다움을, 적색은 국민의 강인(强靭)함을, 그리고 흑색은 국민이 아프리카 출신임을 상징하고 있다.

(2:3)

알바니아
(People's Socialist Republic of Albania)

유럽

면적	2만 8,748km²
면적순위	143위
인구	329만명(97년7월)
인구밀도	114명/km²
자원	석탄, 석유, 천연가스, 동
수도	티라나(Tirana, 24만 4,200명)
주민	알바니아인(98%), 그리스인(1.8%), 마케도니아인
언어	알바니아어
종교	회교(70%), 그리스정교(20%), 가톨릭(10%)

쌍두 독수리는 이 나라의 국민적 영웅인 스캔더베그(Skanderbeg)가 "알바니아인은 독수리의 자손"이라고 했다는 전설에서 유래하였다고 하며, 독수리의 머리가 두 개인 것은 이 나라가 동서양의 중간에 위치해 있음을 표시한다고 한다.

(5:7)

알제리

(Democratic and Popular Republic of Algeria)

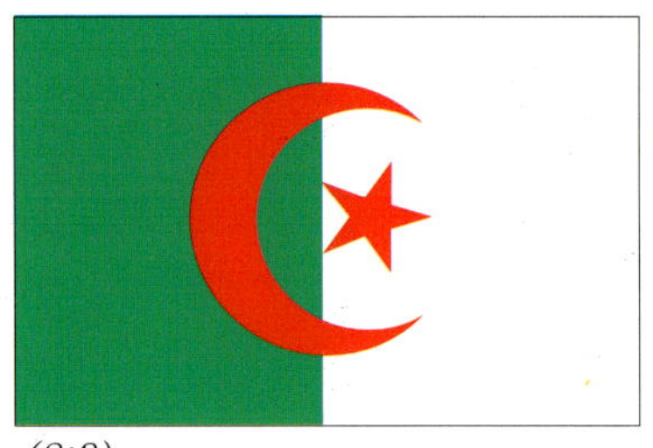

(2:3)

초승달과 별은 옛부터 북 아프리카의 회교문화의 공통적 상징으로 회교를 상징하는 것은 물론이고, 초승달이 다른 회교국보다 긴 것은 이 나라에서 행운(幸運)을 상징하는 것이라고 하며, 녹색은 번영과 용기를, 백색은 평화와 순결을, 적색은 혁명을 상징한다고 한다.

면적	238만 1,741㎢
면적순위	10위
인구	2,983만명(97년7월)
인구밀도	12.5명/㎢
자원	천연가스, 석유, 철광석, 아연
수도	알제(Algiers, 151만명)
주민	아랍인(80%), 베르베르인(19%)
언어	아랍어(공용어), 프랑스어
종교	회교(99%)

앙골라

(Republic of Angola)

(2:3)

자료 없음.

면적	124만 6,700㎢
면적순위	23위
인구	1,054만명(97년7월)
인구밀도	8.5명/㎢
자원	석유, 다이아먼드, 철광석, 금
수도	루안다(Luanda, 150만명)
주민	오빔분두족(38%), 킴분두족(23%), 바콩고족(13%)
언어	포루투갈어(공용어)
종교	토속종교(47%), 카톨릭(38%), 개신교(15%)

앙길라

(Anguilla)

(1:2)

흰색은 평화를, 하늘색은 이 나라를 에워싸고 있는 바다와 젊음, 그리고 희망의 세 가지를 상징한다고 한다. 흰색 바탕에 있는 세 마리의 돌고래는 힘과 인내(忍耐)를 뜻하며, 돌고래 자체는 우정과 지혜를 뜻한다고 한다.

면적	96㎢
면적순위	216위
인구	1만 785명(97년7월)
인구밀도	112명/㎢
자원	관광
수도	밸리(The Valley, 600명)
주민	대부분이 흑인, 백인은 소수
언어	영어
종교	성공회 39.7%, 감리교 32.9%, 기타 27.4%

앨란드제도

(Aland Islands)

(17:26)

황색 십자는 스웨덴어를 사용하는 주민을 뜻하며, 연한 청색은 1917년 이래 이 섬이 속해 있는 핀란드 기의 십자를 나타낸다.

면적	1,500㎢
면적순위	175위
인구	
인구밀도	
자원	
수도	
주민	
언어	
기타	핀란드 보드니아 남부에 위치한 300여개의 섬

에리트레아

(Eritrea)

자료 없음.

면적	12만 5,000㎢
면적순위	97위
인구	358만명(97년7월)
인구밀도	28.7명/㎢
자원	어패류, 금, 동, 철광석
수도	아스마라(Asmara, 40만명)
주민	티그라이족(50%) 등 다수의 부족
언어	9개 부족어와 아랍어, 영어
종교	회교, 콥트파 기독교, 가톨릭, 개신교

면적	4만 5,215㎢
면적순위	131위
인구	143만명(97년7월)
인구밀도	37명/㎢
자원	석회석
수도	탈린(Tallin, 45만명)
주민	에스토니아인(61.5%), 러시아인(30.3%), 우크라이나인(3.1%)
언어	에스토니아어(공용어), 러시아어
종교	루터교, 러시아정교

청색은 이 발트해(Baltic sea) 연안 나라로 맑은 북쪽 하늘과 충성심, 그리고 상호간의 신뢰를; 흑색은 검고 비옥한 토양과 그들에게 이름 붙여진 멧돼지를; 백색은 길고 눈 많은 겨울과 이 나라 사람들의 평화와 자유를 위한 욕망을 상징한다고 한다.

에스토니아
(Estonia)

면적	27만 670㎢
면적순위	74위
인구	1,210만명(97년7월)
인구밀도	45명/㎢
자원	석유, 천연가스, 금, 은, 동
수도	키토(Quito, 110만명)
주민	메스티조(55%), 인디오(25%), 백인(10%), 흑인(10%)
언어	스페인어(공용어), 퀘차어
종교	가톨릭(80%), 기독교, 유대교

황색은 국가의 풍부한 자원과 태양, 그리고 보리가 익은 황금들판을; 청색은 하늘, 그리고 대양과 강의 물을; 또 적색은 자유를 위하여 목숨바친 희생자의 피를 상징한다.

에콰도르
(Republic of Ecuador)

(1:2)

면적	112만 8,000㎢
면적순위	27위
인구	5,873만명(97년7월)
인구밀도	52명/㎢
자원	커피, 축산물, 금
수도	아다스아바바(Addis Ababa, 300만명)
주민	오로모족(40%), 암하라족(30%), 티그레이족
언어	암하르어(공용어), 영어
종교	에티오피아정교(55%), 회교(35%)

녹색은 노동, 비옥함과 발전을; 황색은 희망, 정의, 그리고 평등을; 적색은 희생, 그리고 자유와 평등을 널리 행하여지기 위한 영웅적 행위를; 그리고 국장의 바탕 색인 청색은 평화를 상징한다. 중앙의 국장은 국장편에서 논하기로 한다.

에티오피아
(Federal Democratic Republic of Ethiopia)

면적	2만 720㎢
면적순위	150위
인구	566만명(97년7월)
인구밀도	273명/㎢
자원	커피, 설탕, 면화
수도	산살바도르(San Salvador, 50만명)
주민	혼혈(84%), 스페인계 백인(10%), 원주민(6%)
언어	스페인어
종교	가톨릭

청색은 이 나라 양쪽에 있는 태평양과 카리브 해를, 백색은 평화와 이해를 상징한다. 국기 중앙에 있는 문장은 바로 국장이므로 국장편에서 설명하기로 한다.

엘살바도르
(Republic of El Salvador)

(3:5)

면적	24만 4,820㎢
면적순위	79위
인구	5,759만명(97년7월)
인구밀도	235명/㎢
자원	원유, 석탄
수도	런던(London, 690만명)
주민	앵글로색슨족, 스코틀랜드족, 웨일스족, 켈트족
언어	영어(공용어)
종교	영국성공회(50%), 가톨릭(11%), 개신교(39%)

이 나라의 국기는 잉글랜드의 성 조지(St. George)의 기(백색바탕에 적십자)와 스코틀랜드의 기(청색바탕에 스코틀랜드 수호신인 성 앤드류(St. Andrew)의 X자 형 백십자), 그리고 아일랜드의 기(백색 바탕에 성 패트릭(St. Patric)의 X자 형 십자를 함께 겹쳐서 만들어진 국기로서 별다른 뜻은 없다.

영국
(United Kingdom of Great Britain and Northern Ireland)

(1:2)

영국령버진제도
(British Virgin Islands)

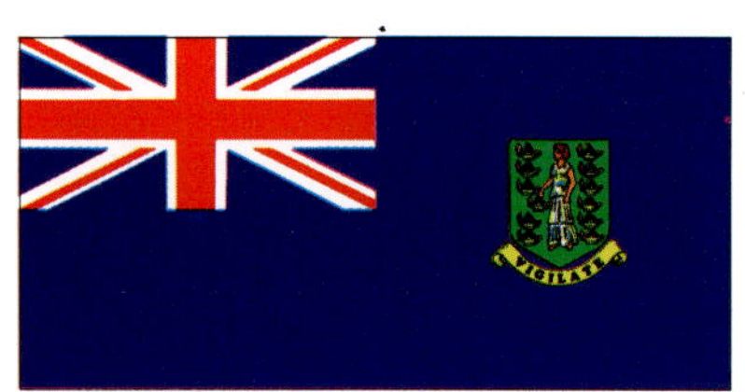

(1:2)

영국의 식민지답게 영국의 해상용관용기(海上用官用旗)에 이 나라의 문장을 넣은 것이다. 문장은 국장편에서 설명하기로 한다.

면적	153㎢
면적순위	213위
인구	1만 3,000명 (97년7월)
인구밀도	85명/㎢
자원	
수도	로드타운(Road Town, 2,500명)
주민	대부분이 아프리카계
언어	영어
종교	감리교(45.6%), 성공회(20.8%), 기타(33.6%)

예멘
(Republic of Yemen)

(2:3)

적색은 국민혁명을, 백색은 평화를, 흑색은 어두었던 과거와 독립투쟁에서 목숨바친 순교자를 상징한다고 한다.

면적	53만 1,869㎢
면적순위	49위
인구	1,397만명 (97년7월)
인구밀도	26명/㎢
자원	석유, 암염
수도	사나(Sanaa, 50만명)
주민	아랍인
언어	아랍어
종교	회교

오만
(Sultanate of Oman)

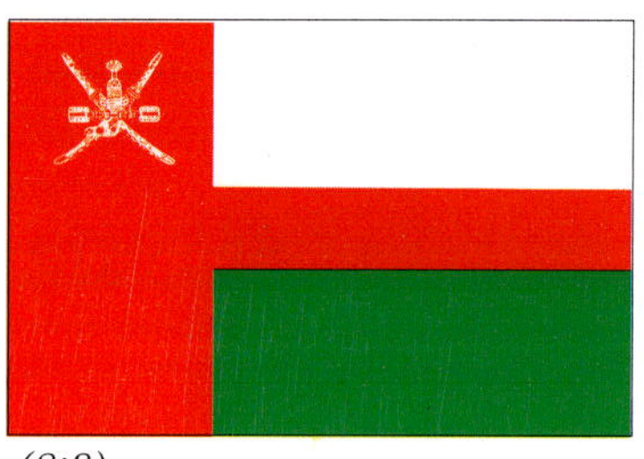

(2:3)

적색은 새로운 오만을, 백색은 평화를, 그리고 녹색은 비옥함을 상징한다고 한다. 아울러 적색은 지배자 그리고 무스카트(수도 : Muscat)의 색이기도 하고, 백색은 오만지방의 종교적 지도자이며 정치적으로 대립하는 존재이기도 한 이마무(Imam)의 색이기도 하며, 녹색은 아하달 산지(Djebel Akhdar 山地)(녹색의 산들)와 멧카 순례를 마친 사람에 대한 경칭(敬稱)인 핫지의 색으로도 받아들여지고 있다.

면적	30만㎢
면적순위	71위
인구	226만명 (97년7월)
인구밀도	7.5명/㎢
자원	석유, 천연가스
수도	무스카트(Muscat, 62만명)
주민	아랍인외 아프리카인, 인도인
언어	아랍어(공용어)
종교	회교

오스트레일리아
(Commonwealth of Australia)

(1:2)

영국의 해상용관용기(海上用官用旗)에 문장대신 바깥 끝 쪽에 5개의 별과 또 하나의 큰 별을 캔턴 부위 밑에 넣은 것이 이 나라의 국기이며, 캔턴 부위 밑에 있는 7각의 큰 백색 별은 '연방(聯邦)'의 별이라고 하여 이 나라의 6개 주(州)와 1개 지구(地區)를 상징하고 있다. 바깥 끝쪽의 5개의 별은 소위 남십자성(南十字星)의 성좌(星座)를 상징하는 것이다.

면적	768만 2,300㎢
면적순위	6위
인구	1,843만명 (97년7월)
인구밀도	2.4명/㎢
자원	석탄, 철광석, 양모, 육우, 곡물
수도	캔버라(Canberra, 31만명)
주민	유럽인(95%), 아시아인(4%), 원주민(1%)
언어	영어(공용어)
종교	영국성공회(26.1%), 가톨릭(26%), 개신교(24.3%)

오스트리아
(Republic of Austria)

(2:3)

바벤버그(Babenberg)의 공작 레오폴드(Leopold) 5세는 십자군 전쟁 때 사라센 사람에 대항하여 너무나 용감하게 싸운 결과 그가 입고 있던 옷이 벨트를 맺던 자리만을 희게 남겨두고 온통 피로 붉게 물들었다고 한다. 이리하여 이 나라의 국기는 이 피로 물들인 겉옷으로부터 유래되게 되었다.

면적	8만 3,855㎢
면적순위	114위
인구	813만명 (97년7월)
인구밀도	97명/㎢
자원	철광석
수도	빈(Wien, 159만명)
주민	독일인(98%), 헝가리인, 슬로베니아인
언어	독일어(공용어)
종교	가톨릭(90%), 개신교(6%)

온두라스
(Republic of Honduras)

(1:2)

아메리카

면적	11만 2,492km²
면적순위	102위
인구	575만명(97년7월)
인구밀도	51.3명/km²
자원	바나나, 커피, 목재, 아연, 은
수도	테구시갈파(Tegucigalpa, 73만 8,000명)
주민	메스티조(91%), 인디언(6%)
언어	스페인어(공용어)
종교	가톨릭

두 줄의 청색은 이 나라의 양쪽에 위치해 있는 태평양과 가리브해를, 백색은 국가의 통합을 상징하며, 5개의 청색 별은 과거 이 나라가 과테말라, 니카라과, 엘살바도르 및 코스타리카와 결성했던 동맹관계를 기념하며 다시 한 번 이 다섯 나라가 연합할 수 있기를 바라는 마음에서 삽입한 것으로 중앙의 것이 이 나라의 별이다.

요르단
(Hashemite Kingdom of Jordan)

(1:2)

중동

면적	8만 8,947km²(요르단강 서안지구 제외)
면적순위	112위
인구	432만명(97년7월)
인구밀도	48명/km²
자원	인광석
수도	암만(Amman, 97만명)
주민	아랍인, 팔레스타인인
언어	아랍어(공용어), 영어
종교	회교(93%), 기독교

적색은 아랍인의 피, 녹색은 비옥한 땅, 백색은 고결함과 관용, 그리고 흑색은 외적과의 싸움을 나타낸다고 한다. 7각의 별은 1920년 시리아가 독립한 후, 시리아의 지리적 경계(境界) 내에서 실각한 7개의 정치적인 아랍 국가를 의미하며 아울러 이 별은 이슬람의 성전 코란의 제1장 7행을 나타낸 것이다.

우간다
(Republic of Uganda)

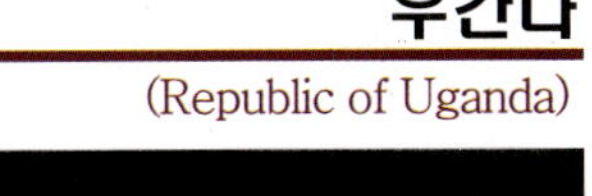

(2:3)

아프리카

면적	24만 1,139km²
면적순위	80위
인구	2,060만명(97년7월)
인구밀도	85.4명/km²
자원	커피, 면화
수도	캄팔라(Kampala, 45만 8,000명)
주민	반투족 등 34개 부족
언어	영어(공용어), 스와힐리어, 우간다어
종교	카톨릭(44%), 기독교(39%), 회교(10%), 토속신앙(6%)

흑색은 아프리카와 이 나라의 검은 색의 국민을, 황색은 생명을 주는 태양을, 그리고 녹색은 모든 사람 사이의 우애를 각각 상징한다고 한다. 중앙에 있는 왕관 두루미는 아직까지 우간다에서 어떠한 왕국이나 부족의 문장으로 된 적이 없었다는 중립성 때문에 우간다의 상징으로 되었다고 한다.

우루과이
(Oriental Republic of Uruguay)

(2:3)

아메리카

면적	17만 6,200km²
면적순위	90위
인구	327만명(97년7월)
인구밀도	18.5명/km²
자원	목축, 수산
수도	몬테비데오(Montevideo)
주민	스페인계, 이탈리아계 백인(90%), 메스티조(8%)
언어	스페인어(공용어)
종교	가톨릭(66%), 개신교

9개의 청백 줄무늬는 독립 당시 아르테가스가 설정(設定)한 이 나라의 9개 주(州)를 기념하는 것이며, 황금색의 "5월의 태양"은 독립의 상징이다.

우즈베키스탄
(Republic of Uzbekistan)

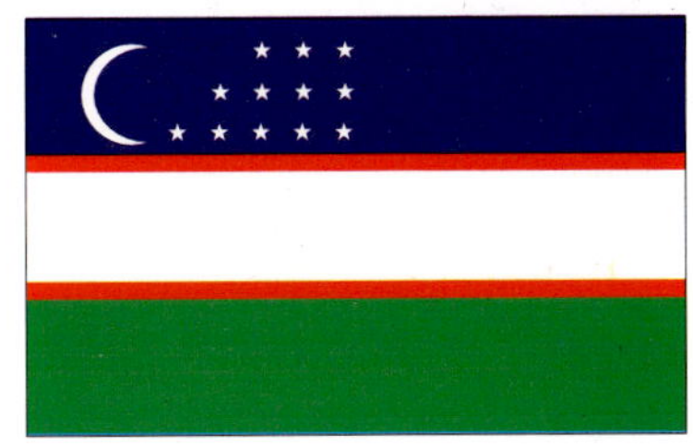

유럽

면적	44만 7,400km²
면적순위	57위
인구	2,345만명(97년7월)
인구밀도	52.4명/km²
자원	석유, 석탄, 천연가스, 금, 중석
수도	타슈켄트(Tashkent, 209만명)
주민	우즈베크인(71.4%), 러시아인(8.3%), 타지크인(4.7%), 한인(1.0%)
언어	우즈베크어(공용어)
종교	수니파 회교, 러시아정교

청색은 '영원한 밤과 생명의 기본적인 원천으로서의 물을; 백색은 평화, 생각과 행동에서의 도덕적인 순수성을 위한 투쟁, 그리고 안전한 행위를 위한 전통적 우즈베키스탄인의 소망을; 녹색은 회교도인이 많은 나라 중에서 자연, 새 생활, 그리고 비옥함을 상징한다. 초승달은 독립된 공화국의 재생을 암시하는 새 달을; 별은 구름 한 점 없는 하늘의 상징으로 "어디서나 또 모든 사람들 사이에서 볼 수 있는 것을; 12개의 별은 우즈베키스탄에서 발전된 천문학을 말하고 있다.

우크라이나

(Ukraine)

국기 색채의 상징성은 "이 나라의 황금색 밀밭 위의 넓고 푸른 하늘"을 상징한다고 한다.

면적	60만 3,700km²
면적순위	44위
인구	5,044만명 (97년7월)
인구밀도	83.5명/km²
자원	우라늄, 철광석, 천연가스
수도	키예프 (Kiev, 264만명)
주민	우크라이나인 (72.7%), 러시아인 (22.1%)
언어	우크라이나어 (공용어), 러시아어
종교	우크라이나 정교, 우크라이나 가톨릭

월리스푸투나

(Wallis and Futuna)

(10:13)

적색은 용기를, 백색은 이념(理念)의 순결성(純潔性)을, 4개의 삼각형은 이 섬 토착(土着)의 세 왕과 프랑스 통치자를, 그리고 프랑스의 3색기는 프랑스의 통치권(統治權)을 각각 상징하고 있다고 한다.

면적	274km²
면적순위	203위
인구	1만 4,800명 (97년7월)
인구밀도	54명/km²
자원	
수도	마타우투 (Matautu)
주민	대부분 폴리네시안
언어	프랑스어
종교	가톨릭교 (100%)

웨이크제도

(Wake Islands)

(2:3)

좌측 청색바탕에 황색 원반(圓盤)이 있고, 그 속에는 이 제도(諸島)의 환초(環礁)로 이루어진 세 개 섬의 윤곽을 그린 지도와 함께 이 제도의 이름을 원형을 이루도록 적어 넣었으며, 또 이 세 개의 섬은 같은 청색바탕의 주위에 세 개의 황색 5각별로서도 표시되었다. 백색은 진실을, 적색은 용기를, 황색은 충의(忠義)를, 그리고 청색은 태평양의 바닷물을 상징하며, 또 이들 백·청·적의 색채는 미국 국기의 색채이기도 하다.

면적	8km²
면적순위	223위
인구	450명 (93년)
인구밀도	56명/km²
자원	
수도	
주민	
언어	영어
기타	1899년 미국령으로

유고슬라비아

(Socialist Federal Republic of Yugoslavia)

(1:2)

청색은 밝은 하늘을, 백색은 빛을, 적색은 민족의 피와 혁명을 표현한다고 한다.

면적	10만 2,173km²
면적순위	108위
인구	1,070만명 (94년)
인구밀도	104.7명/km²
자원	아연, 천연가스
수도	베오그라드 (Beograd, 109만명)
주민	세르비아인, 알바니아인, 회교도, 몬테네그로인
언어	세르비아어 (공용어), 기타 소수민족 언어
종교	세르비아정교, 가톨릭, 회교

이라크

(Republic of Iraq)

(2:3)

세 개의 녹색 별은 병합이 실현되지는 못했으나 이라크, 이집트, 시리아의 세 나라를 뜻하는 것 외에도 아랍의 통일성, 자유, 그리고 사회주의를 뜻한다고 한다. 적색은 전쟁시의 용기를, 백색은 관용을, 녹색은 예언자 모하멧의 색으로 회교의 상징이며, 흑색은 칼리프 시대와 과거의 영광을 나타낸다.

면적	43만 4,920km²
면적순위	58위
인구	2,221만명 (97년7월)
인구밀도	51명/km²
자원	석유, 천연가스
수도	바그다드 (Baghdad, 384만명)
주민	아랍인 (75~80%), 쿠르드족 (15~20%)
언어	아랍어 (공용어), 터키어
종교	회교 (95%), 기독교

이란
(Islamic Republic of Iran)

면적	163만 6,000㎢
면적순위	18위
인구	6,754만명 (97년7월)
인구밀도	41명/㎢
자원	석유, 천연가스, 석탄, 동
수도	테헤란(Teheran, 604만명)
주민	이란인(51%), 아제르바이잔인(25%), 쿠르드족(9%)
언어	페르샤어(공용어)
종교	회교(시아파95%, 수니파4%), 배화교, 기독교, 유태교

녹색은 국교인 회교의 상징이며, 백색은 평화와 우정을, 적색은 혁명을 뜻한다. 가운데 백색 바탕에서 위의 녹색띠 속으로, 또 아래의 적색띠 속으로 각각 11번씩 되풀이되는 쿠피(Kufi) 자체(字體)의 낱말이 들어 있는데 이는 "알라 오 아크바(Allah-o-Akbar)"라는 말로서 "신은 위대하다"라는 뜻이다. 그리고 가운데에 이 나라의 국장이 들어있다.

(4:7)

이스라엘
(State of Israel)

면적	2만 325㎢ (점령지구 제외)
면적순위	151위
인구	553만 4,000명 (97년7월)
인구밀도	272명/㎢
자원	동, 인광석
수도	예루살렘(Jerusalem, 55만명)
주민	유태인(80%), 아랍계(18%)
언어	히브리어/아랍어(공용어), 영어
종교	유태교(82%), 회교(14%), 기독교(2%)

청색과 백색은 유태교의 옛 성직자의 제복에서 취한 것으로, 청색은 팔레스타인의 하늘을, 백색은 시오니스트의 이념인 청정과 청렴을 나타낸다. 두 개의 정삼각형을 포갠 6각형의 별모양은 "다윗의 별"이라고 불리는 것으로서 고대의 다윗 왕국에서 유태인이 경험한 보호와 국가안전을 뜻하는 유태인의 상징이다.

(8:11)

이집트
(Arab Republic of Egypt)

면적	99만 7,738㎢
면적순위	30위
인구	6,482만명 (97년7월)
인구밀도	65명/㎢
자원	석유, 천연가스, 철광석
수도	카이로(Cairo, 1,600만명)
주민	아랍계(90%), 혼혈(10%)
언어	아랍어(공용어)
종교	회교(90%), 콥트파기독교(7%)

적색은 혁명과 국민의 희생을, 백색은 이 나라의 밝은 장래를, 그리고 흑색은 이 나라가 억압받고 있었던 과거의 암흑시대를 각각 상징하고 있다고 한다. 중앙의 문장은 에너비트(Ayubite), 회교국 군주(君主)인 살라딘(Saladin)이 십자군과의 전투에서 거둔 승리를 표시한다.

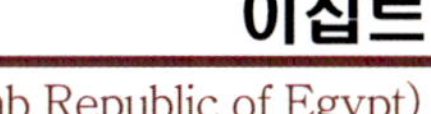

(2:3)

이탈리아
(Republic of Italy)

면적	30만 1,277㎢
면적순위	70위
인구	5,683만명 (97년7월)
인구밀도	188.7명/㎢
자원	철광석, 보크사이트, 수은
수도	로마(Rome, 269만명)
주민	이탈리아인
언어	이탈리아어(공용어)
종교	가톨릭(90%)

녹색은 아름다운 국토를; 백색은 알프스의 눈, 그리고 정의와 평화의 정신을; 적색은 애국의 열혈(熱血)을 각각 나타내고 있으나; 또 일편으로는 자유, 평등, 박애도 상징한다고 한다.

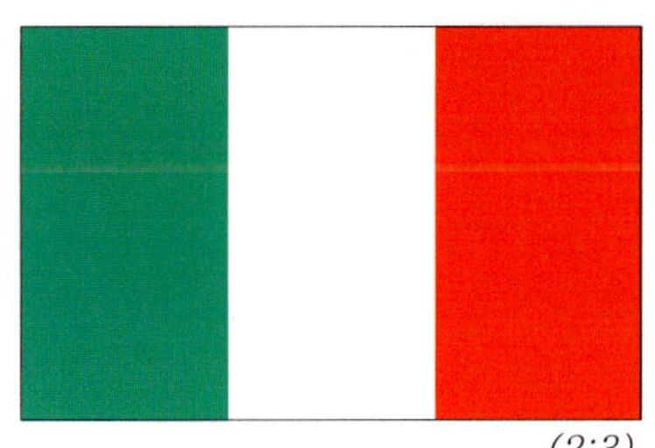

(2:3)

인도
(Republic of India)

면적	328만 7,263㎢
면적순위	7위
인구	9억 6,678만명 (97년7월)
인구밀도	294명/㎢
자원	석탄, 철광석, 석유, 망간, 보크사이트
수도	뉴델리(New Delhi, 942만명)
주민	아리안족(72%), 드라비다족(25%)
언어	힌디어(공용어), 영어(보조공용어), 16개 지방공용어
종교	힌두교(82.6%), 회교(11.4%), 기독교(2.4%), 시크교(2.0%), 불교(0.7%)

국내의 2대 종교인 힌두교의 오렌지 색과 회교의 녹색에다 옛부터 불교도 사이에서 상징으로 전해오는 법륜(法輪)으로 구성되어 있다. 또한 오렌지색은 용기와 희생을, 백색은 평화와 진리를, 녹색은 성실과 기사도를 뜻한다고 한다. 법륜의 24개의 빛살은 하루의 24시간과 끊임없는 생명의 과정, 그리고 전진을 나타내며, 청색은 하늘과 바다를 뜻한다고 한다.

(2:3)

인도네시아
(Republic of Indonesia)

(2:3)

이 나라의 국기는 유일하게도 그 가로세로의 비율만 다를 뿐 모나코의 국기와 똑같다. 색채가 나타내는 뜻도 한 쌍으로 이루는 개념을 표시하여, 하늘과 땅을, 용기와 순결성을, 자유와 정의 등을 뜻한다고 한다.

면적	190만 4,569㎢
면적순위	16위
인구	2억977만명(97년7월)
인구밀도	110명/㎢
자원	석유, 천연가스, 석탄, 목재, 고무
수도	자카르타(Jakarta, 825만명)
주민	말레이계
언어	인도네시아어(공용어)
종교	회교(87.69%), 개신교(6.07%), 카톨릭(4.0%), 힌두교(1.84%)

일본
(Japan)

(2:3)

나라 이름의 글자대로 일본(日本)의 뜻을 도식화한 것으로서, 색채에 대한 확실한 해석은 아직 없으나 적색 원은 태양을 상징하며 정열, 성실, 그리고 박애를; 백색은 전통적인 일본의 색으로서 신성, 장수, 순결 그리고 진정을 뜻한다고도 한다.

면적	37만 7,800㎢
면적순위	62위
인구	1억 2,573만명(97년7월)
인구밀도	332.8명/㎢
자원	목재, 석회석, 아연, 석탄 등
수도	도쿄(東京)
주민	아시아인종의 일본민족, 조선인, 중국인, 북해도 일부의 아이누족
언어	우랄알타이어계의 일본어(한자 혼용)
종교	신도, 불교, 기독교 등

자메이카
(Jamaica)

(1:2)

녹색은 희망과 농업을, 황색은 태양광선의 아름다움과 광물자원의 풍부함을, 그리고 흑색은 이 나라 국민이 짊어져야 했던 과거의 고난과 오늘날 당면한 고난들을 상징한다.

면적	1만 991㎢
면적순위	161위
인구	261만명(97년7월)
인구밀도	237.5명/㎢
자원	보크사이트, 알루미나
수도	킹스턴(Kingston, 72만 8,000명)
주민	흑인(90%)
언어	영어(공용어)
종교	영국성공회

자이르
(Republic of Zaire)

(2:3)

색채는 적·황·녹의 범 아프리카의 색으로써, 녹색은 혁명인민운동(MPR)의 색채임과 동시에 평화, 희망, 그리고 신의(信義)를; 황색은 무한(無限)한 광물자원을; 그리고 적색은 자유를 위하여 쓰러진 희생자의 피를; 원반(圓盤)이 중앙에 있는 것은 단결을; 그리고 불타고 있는 횃불은 혁명을 각각 상징하고 있다고 한다.

면적	234만 1,139㎢
면적순위	12위
인구	4,744만명(97년7월)
인구밀도	20.3명/㎢
자원	구리, 코발트, 다이아몬드
수도	킨샤사(Kinshasa, 265만명)
주민	반투족(80%), 수단족 등 200여 종족
언어	프랑스어(공용어), 토착어
종교	기독교(70%), 회교(10%)

잠비아
(Republic of Zambia)

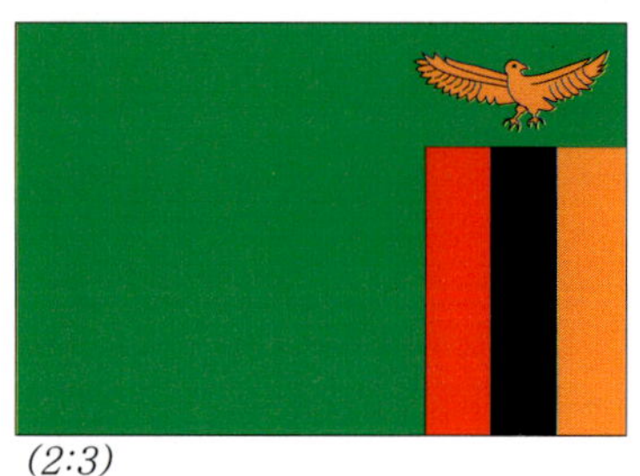
(2:3)

국기 속의 독수리는 구 영국령(舊英國領) 불로데시아기의 문장에 있었던 것으로써, 이것은 나라의 자유와 어떠한 고난도 이겨내는 민족의 힘을 상징하며, 녹색은 천연자원을, 오렌지색은 풍부한 광물자원을, 흑색은 이 나라의 국민을, 그리고 적색은 자유를 위한 투쟁을 상징한다고 한다.

면적	75만 2,614㎢
면적순위	39위
인구	920만명(94년)
인구밀도	12.2명/㎢
자원	구리, 석탄, 아연
수도	루사카(Lusaka, 92만 1,000 명)
주민	반투족(90%) 등 70여개 소부족
언어	영어(공용어)
종교	기독교(50~75%), 힌두교, 회교

면적	2만 8,051㎢
면적순위	144위
인구	44만 2,516명(97년 7월)
인구밀도	15.8명/㎢
자원	커피, 코코아, 천연가스
수도	말라보(Malabo, 3만 7,000명)
주민	황족(80%), 부비족(15%)
언어	스페인어(공용어), 부족어
종교	카톨릭(80%), 기독교, 토속신앙

적도기니
(Republic of Equatorial Guinea)

(2:3)

녹색은 국토의 천연자원을, 청색은 본토와 섬들을 연결하는 바다를, 백색은 평화를, 그리고 적색은 독립을 위한 투쟁을 각각 상징하고 있다. 중앙의 문장은 바로 국장이므로, 이것에 대하여는 국장편에서 설명하기로 한다.

면적	116㎢
면적순위	214위
인구	8만 8,510명(97년 7월)
인구밀도	763명/㎢
자원	
수도	세인트헬리어(St. Helier)
주민	
언어	영어
종교	성공회 61.4%, 가톨릭 22.9%, 기타 15.7%

져시
(Jersey)

(1:2)

백색 바탕에 적색의 성 패트릭(St. Patric) X자형 십자가 들어 있으며, 윗쪽 삼각형 안에는 왕관과 그 밑에 적색바탕에 세 마리의 황금색 사자가 들어있는 방패문양이 있다. 이 세 마리 황금색 사자는 수호자(守護者)임을 뜻하며, 왕관은 프랜타게네트(Plantagenet) 왕가의 것이다.

면적	12만 2.762㎢
면적순위	98위
인구	2,431만 7,000명(97년 7월)
인구밀도	198명/㎢
자원	
수도	평양
주민	한국인 99.8%, 중국인 0.2%
언어	한국어
종교	무신론자 또는 무종교자 67.9%, 토속종교 15.6%, 천도교 13.9%

조선민주주의인민공화국
(Democratic People's Republic of Korea)

(1:2)

백색은 옛부터 우리 국민의 색으로서 북한의 기에도 순결과 주권의 상징으로 표시되어 있고, 청색띠는 평화에 대한 소망을, 적색은 국민이 사회정의 실현의 길로 나아가고 있음을 뜻한다고 한다. 별은 이 나라의 새로운 경제, 사회, 정치적 구조를 창조하는데 대한 조선노동당의 지도적 역할을 상징한다고 말하고 있다. 별이 들어 있는 백색 원은 옛부터 태극익 자취라고 한다.

면적	62만 2,980㎢
면적순위	43위
인구	334만명(97년 7월)
인구밀도	5.4명/㎢
자원	면화, 커피, 다이아몬드
수도	방기(Bangui, 59만 6,776명)
주민	바야족(34%), 반다족(27%), 만자족(21%)
언어	프랑스어(공용어)
종교	개신교(25%), 가톨릭(25%), 토속신앙(24%), 회교(15%)

중앙아프리카공화국
(Central African Republic)

(3:5)

이 나라의 국기는 "인간은 인간이다"라는 이 나라의 표어처럼 인간은 모두 평등하다는 확신을 나타내는 도해(圖解)식으로 표현된 것이다. 프랑스의 청·백·적의 3색기와 녹·황·적의 범 아프리카 색을 조합함으로써 유럽인과 아프리카인이 서로 존경하고 우정으로 결합할 것을 나타내고 양자가 공유하는 인류의 붉은 피를 세로로 넣었다고 한다. 청색은 프랑스와의 우정을, 백색은 순수함을, 녹색은 삼림 쪽에 있는 국민을, 적색은 정열을 상징하며, 황색별은 독립을 뜻하며 장차 발전의 길로 가는 길잡이라고 한다.

면적	3만 6,190㎢(금문도와 마조도 포함)
면적순위	135위
인구	2,169만명(97년 7월)
인구밀도	599명/㎢
자원	석탄, 시멘트, 사탕, 쌀
수도	대북(Taipei, 270만명)
주민	한족 98%(본성인 85%, 외성인 13%), 9개 소수민족(2%)
언어	공용어는 북경어, 대만어, 남어, 고산어
종교	도교, 불교, 천주교, 기독교, 회교

중화민국
(Republic of China)

(2:3)

백색 태양의 12꼭지점은 하루를 2시간씩 나눈 12개의 시간대를 뜻하며, 이것은 총괄적으로 부단한 진보와 향상을 상징하고; 청, 백, 적은 총합적으로 손문의 삼민주의(三民主義)를 뜻한다. 즉, 청색은 고결하고 고상한 국민정신, 자유와 민주(民主)주의를; 백색은 광명, 무사(無私), 흠없는 혁명이념, 솔직, 그리고 민생(民生)을; 적색은 동포애, 희생, 그리고 민족(民族)주의를 뜻한다.

중화인민공화국
(People's Republic of China)

(2:3)

다섯 개의 별 중 큰 별은 공산당의 지도력을 나타내며 그 꼭지가 모두 큰 별을 향하고 있는 네 개의 작은 별은 연합전선을 구성하는 계급, 즉 노동자, 농민, 중산층, 그리고 애국적 자본가를 뜻한다고 한다. 또한 이들 다섯 개의 별은 중국 본토, 만주, 몽고, 신강과 티베트를; 또는 통일, 주권, 권위, 국가와 국민을 의미하기도 한다. 적색 바탕은 이 나라가 1949년부터 공산주의 실현의 길로 가고 있다는 혁명을 상징하는 것이지만, 역사적으로는 중국 본토를 상징하는 색으로도 알려져 있다.

면적	957만㎢
면적순위	4위
인구	12억 2,159만명 (97년7월)
인구밀도	127.7명/㎢
자원	쌀, 대두, 면화, 축산물, 석탄, 석유, 각종 광석
수도	북경(1,125명)
주민	한족外56개 소수민족, 한족(92%), 1천만명을 넘는 소수민족은 壯族, 1백만명을 넘는 소수민족은 滿州, 위구르, 티베트, 조선족(12위) 등 17개
언어	한어(북경어)가 공통어, 소수민족 언어
종교	불교, 기독교, 이슬람교, 라마교

지부티
(Republic of Djibouti)

(21:38)

삼각형은 평등을, 백색은 평화를, 적색 별은 두 민족간의 단합(團合)을 각각 상징하며, 띠의 색채에 있어서는 그 지역에 살고 있는 부족(部族)의 색채로서, 연한 청색은 국민의 다수를 점하는 소말리아(Somali)인을, 연녹색은 회교도인 아파스(Afars)족을 각각 상징함과 동시에, 청색은 바다와 하늘을, 녹색은 녹색 국토를 상징한다고 한다. 또한 적색은 독립투쟁과 국가의 행복한 장래에 대한 희망을 상징한다고도 한다.

면적	2만 3,200㎢
면적순위	148위
인구	43만명 (97년7월)
인구밀도	18.5명/㎢
자원	피혁
수도	지부티(Djibouti, 20만명)
주민	이사족(60%, 소말리아계), 아파르족(35%, 에티오피아계)
언어	아랍어, 불어
종교	회교(94%), 기독교(6%)

지부롤터
(Gibraltar)

(1:2)

시기(市旗)인데, 이것에는 세 개의 탑이 있는 성곽 이에 달려있는 황금색 열쇠가 있다. 이 열쇠는 이곳 지중해에서의 중요한 전략적 위치를 나타내고 있다.

면적	5.8㎢
면적순위	224위
인구	2만 8,900명 (97년7월)
인구밀도	4,982명/㎢
자원	
수도	지브롤터(Gibraltar)
주민	영국인(70%)
언어	영어
종교	가톨릭 76.7%, 기타 23.3%(1989년)

짐바브웨
(Republic of Zimbabwe)

녹색은 국토와 농업자원을; 황색은 국가의 부유(富裕)함을; 적색은 자유를 위한 투쟁에서 흘린 피를, 그리고 흑색은 국민의 다수를 점하는 검은 피부의 국민을 각각 상징한다고 한다. 또한 백색은 흑·백 인종간의 화해(和解)를 상징하도록 삽입하였다고 하며, 적색의 5각별은 국민의 국제주의자로서의 시야(視野)를 나타내고, 이 나라의 유적(遺跡)에서 발굴되어 나라의 상징이 된 전설적인 새는 이 나라의 영광스러웠던 과거를 회상하는 것이라고 한다.

면적	39만 759㎢
면적순위	60위
인구	934만명 (97년7월)
인구밀도	24명/㎢
자원	담배, 면화, 광물자원
수도	하라레(Harare, 118만명)
주민	쇼나족(71%), 은데벨레족(15%)
언어	영어(공용어), 부족어
종교	토속신앙, 기독교

차드
(Republic of Chad)

청색은 하늘, 희망, 농업, 그리고 남부지역을; 황색은 태양과 북부지역의 반을; 적색은 발전과 통일, 그리고 국가를 위하여는 자기희생도 마다하지 않는 국민의 결의(決意) 등을 각각 상징한다고 한다.

면적	128만 4,000㎢
면적순위	21위
인구	716만명 (97년7월)
인구밀도	5.6명/㎢
자원	면화, 사탕수수
수도	은자메나(N'Djamena, 59만 4,000명)
주민	200여 소수종족
언어	불어, 아랍어
종교	회교(44%), 기독교(33%), 토속신앙(23%)

면적	7만 8,864㎢
면적순위	115위
인구	1,029만명(97년7월)
인구밀도	130.4명/㎢
자원	석탄, 동
수도	프라하(Prague, 122만명)
주민	체코인(94%), 슬로바키아인(3%)
언어	체코어(공용어)
종교	가톨릭(39.2%), 개신교(4.6%), 무신론자(39.8%)

청색 3각형의 정점(頂點)은 이 나라의 아름다운 세 개의 산인 다드라, 마드라 및 화트라 산을 나타내고 있다고 하며, 백색은 순결을, 적색은 나라의 자유를 위해 흘린 피를, 청색은 맑은 하늘을 뜻한다고 한다.

체코공화국
(Czech Federal Republic)

(2:3)

면적	75만 6,626㎢
면적순위	38위
인구	1,450만명(97년7월)
인구밀도	19명/㎢
자원	구리, 철, 삼림, 수자원
수도	산티아고(Santiago, 463만명)
주민	스페인계(75%), 유럽계(20%), 원주민(5%)
언어	스페인어
종교	가톨릭(90%)

색채에 대한 해석은 여러 가지 있으나, 가장 보편적인 것은, 백색은 안데스 산맥의 눈을, 청색은 하늘을, 그리고 적색은 국토방위에 목숨바친 사람들의 피를 상징한다는 것이다. 그리고 백색 별은 발전과 시민으로서의 미덕을 상징한다고 한다.

칠레
(Republic of Chile)

면적	7,243㎢
면적순위	165위
인구	144만(95년)
인구밀도	199명/㎢
자원	바나나
수도	
주민	관체족, 카나리오족
언어	카스티야어
기타	스페인령, 아프리카대륙 서북에 위치한13개의섬

백색은 이 나라의 피코 드 타이드(Pico de Teide) 화산의 눈덮인 정상(頂上)을, 청색은 바다를, 그리고 황색은 국민의 노동으로 이루어진 부유(富裕)함을 상징한다고 한다.

카나리제도
(Canary Islands)

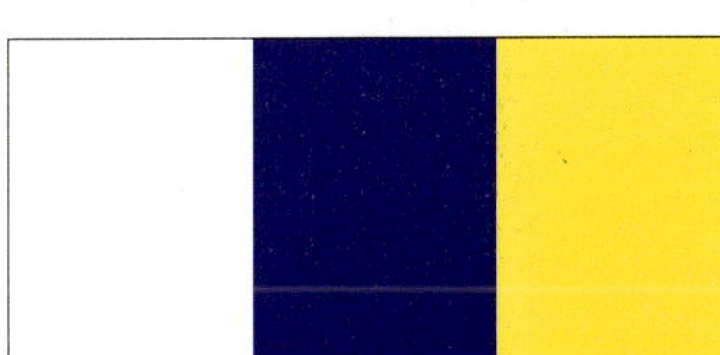

(2:3)

면적	47만 5,422㎢
면적순위	53위
인구	1,467만명(97년7월)
인구밀도	31명/㎢
자원	커피, 면화, 코코아
수도	야운데(Yaounde, 80만명)
주민	고지인(31%), 적도반투족(19%), 키르디족(11%), 후라니족(10%)
언어	영어/불어(공용어), 부족어
종교	토속종교(51%), 기독교(33%), 회교(16%)

녹색은 남쪽의 울창한 삼림(森林)과 행복한 장래에 대한 희망을; 적색은 독립과 남북 카메룬의 단결 및 중부의 경적(耕作)지대를; 황색은 북쪽의 사베나 지대와 국가 행복의 원천(源泉)이 되는 태양을; 별은 국가의 통일을 각각 상징한다고 한다.

카메룬
(Republic of Cameroon)

(2:3)

면적	4,033㎢
면적순위	169위
인구	39만 4,000명(97년7월)
인구밀도	97.6명/㎢
자원	바나나, 사탕수수
수도	프라이아(Praia, 12만명)
주민	크리올인(71%), 아프리카인(28%), 유럽인(1%)
언어	포루투갈어(공용어), 크리올어
종교	가톨릭(80%)

자료 없음.

카보베르데
(Republic of Cape Verde)

(2:3)

카자흐스탄
(Republic of Kazakhstan)

연한 청색바탕 중앙에 32개의 빛살을 갖는 황금색 태양이 도식화(圖式化)한 날고있는 황금색 독수리 위에 있다. 그리고 황금색의 국가적 장식이 좌측변에 세로로 있다. 바탕색인 하늘색은 모든 사람 위에 행복과 고요와 평화의 구현(具現)만이 아니라 단일 이념에 대한 충실성으로서의 무한한 하늘을 상징하며, 이 태양과 그 밑의 높이 날아 오른 대초원의 독수리는 다 함께 카자흐스탄 사람들의 자유를 사랑하는 것과 숭고한 사상과 이념을 상징한다고 한다.

면적	271만 7,300㎢
면적순위	9위
인구	1,688만명(97년7월)
인구밀도	6.2명/㎢
자원	석유, 석탄, 철, 동, 아연, 텅스텐, 니켈, 코발트
수도	알마아타(Alma-ata, 115만명)
주민	카자흐인(44.3%), 러시아인(35.8%), 우크라이나인(5.1%)
언어	카자흐어(공용어)
종교	수니파 회교, 러시아정교, 개신교

카타르
(State of Qatar)

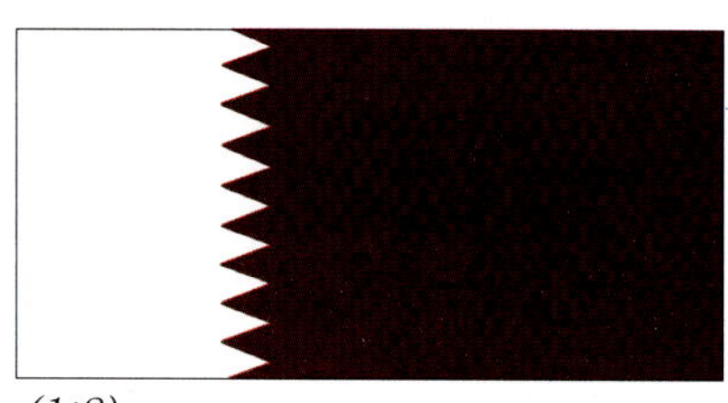

(1:2)

백색의 뾰죽한 톱니는 반대방향으로 9개가 있고, 반대로 검은 갈색의 톱니는 8개가 반대방향으로 나 있다. 이 톱니 장식은 순수하게 장식적인 것이라고 하며, 특이하게도 밤색을 택한 것은 이웃의 바레인이나 그외 다른 나라의 유사한 적색기와 구별하기 위함이었다는 이유말고도 이 나라에서 흔히 쓰는 염료가 햇빛에 노출되었을 때 밤색으로 변한다는 이유도 있다.

면적	1만 1,473㎢
면적순위	159위
인구	67만 274명(97년7월)
인구밀도	58명/㎢
자원	석유, 천연가스
수도	도하(Doha, 21만 7,000명)
주민	아랍계(40%), 파키스탄인(18%), 인도인(18%), 이란인(10%)
언어	아랍어(공용어)
종교	수니파회교(95%)

캄보디아
(Cambodia)

(2:3)

국기 중앙의 "앙코르 와트 사원"(Angkor Wat 寺院)은 세계에서 가장 큰 건축 유적 중의 하나로서 크멜왕국의 황금기를 상징하며, 청색은 국민의 정의와 행복, 그리고 정직을; 적색은 그들의 결단력(決斷力)과 용기로 가득 찬 정신을; 그리고 백색은 불교를 상징한다고 한다.

면적	18만 1,115㎢
면적순위	89위
인구	1,116만 3,000명(97년7월)
인구밀도	61.6명/㎢
자원	고무, 목재, 담배
수도	프놈펜(Phnom Penh, 52만명)
주민	크메르족, 중국계, 기타 36계 소수민족
언어	크메르어(공용어)
종교	불교

캐나다
(Canada)

(1:2)

양쪽에 있는 적색 띠는 이 나라가 국장에 있는 모토인 "바다로부터 바다까지"라는 말과 같이 양 대양(大洋) 사이에 위치해 있음을 뜻하는 것으로서, 적색과 백색은 1921년 이래 이 나라의 색채로 되어 왔는데, 그 이유는 적색이 세계 1차대전 때 전몰한 이 나라 국민의 피를, 또 백색을 이 나라 북쪽의 눈을 상징하는 것으로 새로 제정한 이 나라 국장의 색채로 채택하였기 때문이다. 그리고 중앙의 도식화한 적색의 사탕단풍나무 잎은 캐나다 자치령과 연방정부의 성립 이전부터 이 나라의 비공식 상징으로 되어 왔었다.

면적	997만 6,139㎢
면적순위	2위
인구	3,033만명(97년7월)
인구밀도	3명/㎢
자원	석유, 천연가스, 석탄, 우라늄, 금, 은, 동, 아연, 니켈
수도	오타와(Ottawa, 93만 5,000명)
주민	영국계(40%), 프랑스계(27%), 기타 유럽계(20%), 원주민(1.5%)
언어	영어/프랑스어(공용어)
종교	가톨릭(46%), 개신교(16%), 영국성공회(10%)

케냐
(Republic of Kenya)

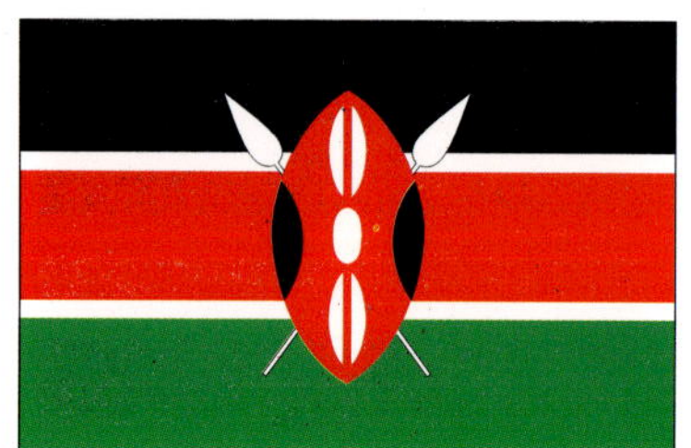

(2:3)

가로로 된 흑·적·녹의 띠는 각각 케냐인, 독립투쟁, 그리고 농업과 천연자원을 상징하게 하였으며, 백색의 띠를 넣어 평화와 통일을 상징하도록 하였다. 문장에 있는 방패와 창은 이 나라의 마사이 족에게 옛날부터 전해져 내려오는 것으로서 자유를 방위한다는 뜻이라고 한다.

면적	58만 367㎢
면적순위	47위
인구	2,880만명(97년7월)
인구밀도	50명/㎢
자원	차, 커피
수도	나이로비(Nairobi, 134만 6,000명)
주민	키쿠유족(21%), 루히족(14%), 루오족(13%) 등 43개부족
언어	스와힐리어(국어), 영어(공용어)
종교	가톨릭(28%), 개신교(26%), 토속신앙(18%), 회교(6%)

케이만제도
(Cayman Islands)

면적	259㎢
면적순위	206위
인구	3만 6,000명 (97년7월)
인구밀도	139명/㎢
자원	
수도	조지타운 (George Town, 1만 2,900명)
주민	물라토 (50%), 유럽인 (30%), 아프리카계 (20%)
언어	영어
종교	장로교 (36%), 하느님의 교회 (24%), 기타 (40%)

영국의 해상용관용기(海上用官用旗)에 1958년에 제정된 이 나라의 문장을 넣은 것이다. 문장은 국장편에서 설명하기로 한다.

(1:2)

코모로
(Federal Islamic Republic of the Comoros)

면적	2,235㎢
면적순위	173위
인구	52만 8,800명 (97년7월)
인구밀도	237명/㎢
자원	바닐라, 코프라
수도	모로니 (Moroni, 2만 5,000명)
주민	아랍족, 아프리카인, 동인도인
언어	프랑스어, 아랍어, 코모로어
종교	회교 (80%), 카톨릭 (14%)

녹색과 초승달은 회교의 상징이며, 네 개의 별은 이 나라의 네 개의 중요한 섬을 상징하는 것이라고 한다.

(3:5)

코스타리카
(Republic of Costa Rica)

면적	5만 1,100㎢
면적순위	127위
인구	353만명 (97년7월)
인구밀도	69명/㎢
자원	비니니, 키피
수도	산호세 (San Jose, 30만 8,000명)
주민	백인계 혼혈 (95%), 흑인 (3%), 원주민 (2%)
언어	스페인어
종교	가톨릭 (국교)

청색은 이 나라의 아름다운 하늘을, 백색은 평화를, 적색은 자유를 위해 흘린 피를 의미한다고도 하나, 또 다른 입장에서는 이 세 가지 색이 혁명의 목표인 "자유, 평등, 우애(友愛)"를 뜻한다고도 한다. 국기 속의 문장은 국장으로서, 이에 대해서는 국장편에서 설명하기로 한다.

(3:5)

코트디부아르
(Republic of Cote d'Ivoire)

면적	32만 2,463㎢
면적순위	68위
인구	1,498만명 (97년7월)
인구밀도	46.5명/㎢
자원	코코아, 커피
수도	야무수크르 (Yamousoukro, 10만 7,000명)
주민	바울레족(23%), 베테족(18%), 세노포족(15%), 등 60개 부족
언어	프랑스어 (공용어), 부족어
종교	토속신앙 (63%), 회교 (25%), 기독교 (12%)

이 종(縱) 3색기는 국민의 표어(標語)인 "단결, 규율, 노동"의 정신에 따라 전진하는 이 나라의 젊은이들의 활동적인 힘을 나타낸다고 한다. 그리고 오렌지 색은 국민의 명랑성(明朗性)과 국가발전의 정신을 백색은 평화와 청렴(淸廉)을 녹색은 풍부한 천연자원의 활용(活用)에 의한 장래의 희망을 나타내는 외에; 지역적인 뜻으로 오렌지색은 북부의 사베나 지대를, 녹색은 남부의 처녀림(處女林)을, 백색은 북부와 남부의 통일을 상징한다고 한다.

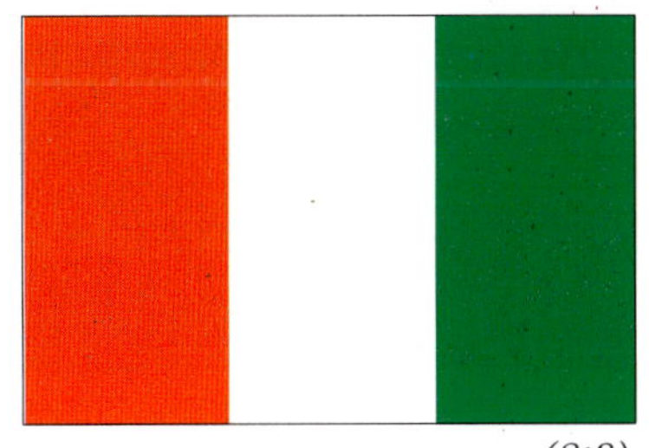

(2:3)

콜롬비아
(Republic of Colombia)

면적	114만 1,748㎢
면적순위	26위
인구	3,741만명 (97년7월)
인구밀도	32.7명/㎢
자원	석탄, 석유, 에메랄드, 금, 은, 백금
수도	보고타 (Bogota, 503만명)
주민	메스티조(57%), 백인(20%), 물라토(14%), 흑인(7%)
언어	스페인어
종교	가톨릭 (95%)

황색은 부(富), 주권 및 정의를; 청색은 부귀, 충성 및 경계를; 적색은 용기, 명예, 관용 및 희생을 통한 승리를 뜻한다고 하나; 또 다른 해석은 황색은 광물자원을, 청색은 하늘의 웅대함과 태평양과 카리브해의 물 빛을, 적색은 독립에 즈음한 영웅의 피를 나타낸다고도 하고; 또 일면 황색은 신세계의 황금을, 청색은 신구(新舊) 양 세계를 나누는 대서양을, 적색은 옛부터의 스페인의 상징 색으로; 또는 하나의 부합(符合)되는 해석은 이 황금색의 나라가 잔인한 스페인으로부터 대양의 푸른 물에 의하여 분리되었다는 것이다.

(2:3)

콩고

(People's Republic of the Congo)

(2:3)

자료 없음.

면적	34만 2,000㎢
면적순위	64위
인구	258만명(97년7월)
인구밀도	7.5명/㎢
자원	석유, 커피
수도	브라자빌(Brazzaville, 59만 6,000명)
주민	콩고족(48%), 상하족(20%), 테케족(17%) 등 75개 종족
언어	프랑스어(공용어), 토착어
종교	토속신앙(48%), 가톨릭(33%), 개신교(17%), 회교(2%)

쿠바

(Republic of Cuba)

(1:2)

"외로운 별"이라고 불리는 이 나라 국기의 3개의 청색 줄은 독립 당시 분할된 동부, 중부, 서부의 3개 주를; 두 개의 백색 줄은 순수성과 독립을 위한 쿠바인의 투쟁의 높은 이상을; 적색 삼각형은 혁명의 세 가지 이상, 즉 자유, 평등, 우애(友愛)를; 적색은 독립을 위해 흘린 피를; 그리고 백색 별은 자유의 별임을 상징한다고 한다.

면적	11만 860㎢
면적순위	105위
인구	1,099만명(97년7월)
인구밀도	99명/㎢
자원	코발트, 니켈, 철광석, 사탕
수도	아바나(Havana, 210만명)
주민	스페인계(73%), 메스티조(14%)
언어	스페인어(공용어)
종교	가톨릭

쿠웨이트

(State of Kuwait)

(1:2)

흑색은 전장(戰場)을, 녹색은 푸른 땅을, 백색은 실행(實行)을, 적색은 적의 피로 물들은 것을 뜻한다고 한다.

면적	1만 7,818㎢
면적순위	154위
인구	183만명(97년7월)
인구밀도	102명/㎢
자원	석유, 천연가스
수도	쿠웨이트 시티(Kuwait City, 24만 2,000명)
주민	쿠웨이트인(50%), 이랍인(35%), 아시아인(9%), 이란인(4%)
언어	아랍어(공용어), 영어
종교	회교(시아파 30%), 수니파(45%), 기타(10%)

쿡제도

(Cook Islands)

(1:2)

청색은 태평양을, 백색은 이 제도의 자유를 사랑하는 주민을, 별은 이 군도(群島)의 중요한 섬을, 또한 별의 크기가 같고 원을 형성하고 있는 것은 이 공동체(共同體)의 각 구성원(構成員)이 평등하며 서로 의지(依支)하고 있다는 것을 상징하는 것이라고 한다.

면적	236㎢
면적순위	208위
인구	1만 9,776명(97년7월)
인구밀도	84명/㎢
자원	
수도	아바루아(Avarua)
주민	원주민은 폴리네시안계(81.3%)
언어	마오리어, 영어
종교	집합교회(66.9%), 기타(33.1%)

크로아티아

(Republic of Croatia)

(2:3)

적·백·청의 횡3색기로 중앙에 국장을 넣었다. 적·백·청의 3색은 범(汎) 슬라브의 색채이며, 중앙의 문장은 15세기 경부터의 문장(紋章)이라고 한다. 이 문장은 25개의 적·백의 체크 무늬로 된 방패 위에 크로아티아의 역사적인 5개 지방의 문장으로 이루어진 왕관이 얹혀 있다.

면적	5만 6,538㎢
면적순위	125위
인구	466만명(97년7월)
인구밀도	82명/㎢
자원	원유, 천연가스
수도	자그레브(Zagreb, 71만명)
주민	크로아티아인(78%), 세르비아인(12%)
언어	크로아티아어(공용어)
종교	가톨릭, 그리스 정교

키르키즈스탄
(Republic of Kyrgyzstan)

유럽

면적	19만 8,500㎢
면적순위	86위
인구	451만명(97년7월)
인구밀도	22.7명/㎢
자원	석탄, 석유, 천연가스, 수은, 중석
수도	비슈케크(Bishkek, 63만명)
주민	키르키즈인(52.4%),러시아인(21.5%),우즈베크인(12.9%),우크라이나인(2.5%)등
언어	키르키스어(공용어), 러시아어
종교	수나파회교

자료 없음.

키리바시
(Republic of Kiribati)

(1:2)

오세아니아

면적	719㎢
면적순위	182위
인구	8만 2,449명(97년7월)
인구밀도	115명/㎢
자원	수산자원, 코프라
수도	타라와(Tarawa, 2만 9,000명)
주민	마이크로네시아인(98%)
언어	영어(공용어), 길버트어
종교	가톨릭(52.6%), 개신교

청·백의 파도 무늬는 태평양을, 또 떠오르는 태양 위에서 날고 있는 군함조(軍艦鳥)는 이 지역의 자연 그대로의 생활을 상징하는 것이다.

키프로스
(Republic of Cyprus)

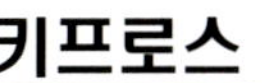

(3:5)

중동

면적	9,251㎢(북키프로스 포함)
면적순위	163위
인구	75만 2,800명(97년7월)
인구밀도	81명/㎢
자원	철광석, 석면
수도	니코시아(Nicosia, 18만 8,500명)
주민	그리스계(77%),터키계(18%),아르메니아인,레바논인
언어	그리스어, 터키어, 영어
종교	그리스정교, 회교(수니파)

백색은 평화를 뜻하며, 동(銅) 색으로 채색된 이 나라의 지도는 이 나라의 이름이 바로 이 동을 뜻하는 그리스 말에서 연유하였음을 말하고 아울러 이 나라가 동 매장으로 부유하다는 것을 나타내고 있다. 지도 밑의 교차되어 있는 두 올리브 나무가지는 평화와, 이 나라이 두 민족집단인 그리스 인과 터키 인과의 화해에 대한 간절한 소원을 담고 있다.

타이
(Kingdom of Thailand)

(2:3)

아시아

면적	51만 4,000㎢
면적순위	50위
인구	5,945만명(97년7월)
인구밀도	116명/㎢
자원	쌀, 고무, 타피오카, 주석, 천연가스
수도	방콕(Bangkok, 557만명)
주민	타이족(81.5%),중국계(13.2%),말레이족(2.9%)
언어	타이어(공용어),라오어,크메르너,말레이어,중국어
종교	불교(95%), 회교(4%)

청색은 왕실의 빛깔이며, 적색은 국민이 국가를 위해 흘린 피를, 백색은 신앙으로 지켜진 국민의 순결을 뜻한다.

타지크스탄
(Tajikstan)

유럽

면적	14만 3,100㎢
면적순위	95위
인구	594만명(97년7월)
인구밀도	41.5명/㎢
자원	석유, 천연가스, 라듐, 중석
수도	두샨베(Dushanbe, 60만명)
주민	타지크인(62.3%), 우즈베크인(23.5%), 러시아인(7.6%)
언어	타지크어(공용어)
종교	회교

자료 없음.

탄자니아

(United Republic of Tanzania)

(2:3)

녹색은 국토와 농업을, 흑색은 탄자니아의 모든 국민을, 청색은 이 나라가 면하고 있는 인도양을, 황색은 풍성한 광물자원을 각각 상징하는 것이라고 한다.

면적	94만 5,078㎢
면적순위	31위
인구	2,946만명 (97년7월)
인구밀도	31명/㎢
자원	사이잘삼, 면화
수도	다르 에스 살람(Dar-es-Salaam, 136만명)
주민	반투족 계열 흑인(98.6%)
언어	영어/스와힐리어(공용어)
종교	회교, 기독교, 토착종교

터크스케이커스제도

(Turks and Caicos Islands)

(1:2)

영국의 해상용관용기(海上用官用旗)에 이 나라의 문장을 넣은 것이다. 국기에 들어있는 문장은 국장으로서의 문장과 달라서, 황색 방패문양 속에는 이 나라에서 산출되며 이 나라의 동식물상(動植物相)을 엿볼 수 있는 여왕 소라조개와 가시가 많은 바다가재, 그리고 터키인의 머리를 닮은 선인장(仙人掌)이 들어 있다.

면적	430㎢
면적순위	196명
인구	1만 4,600명 (97년7월)
인구밀도	34명/㎢
자원	
수도	콕번타운(Cockburn Town)
주민	대부분 아프리카계 및 아프리카-유럽 혼혈
언어	영어
종교	침례교(41.5%), 감리교(19.3%), 성공회(18.5%)

터키

(Republic of Turkey)

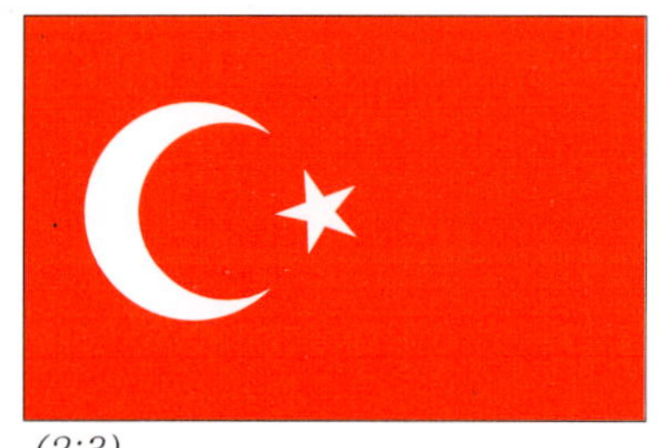
(2:3)

국기의 초승달이 별을 품고 있는 이 문장은 회교의 상징말고도 진보와 터키인의 단결, 그리고 독립의 뜻이 포함되어 있다고 한다.

면적	76만 9,390㎢
면적순위	37위
인구	6,352만명 (97년7월)
인구밀도	82.5명/㎢
자원	석탄, 철광석, 석유, 크롬
수도	앙카라(Ankara, 256만명)
주민	터키인(80%), 쿠르드족(17%), 아랍인, 그리스인, 아르메니아인
언어	터키어(공용어), 쿠르드어
종교	회교(99%), 기독교

토고

(Republic of Togo)

(3:5)

초록색 띠는 미래에 대한 희망과, 이 희망의 기초가 되는 이 나라의 농업을, 황색 띠는 국가의 도덕과 물질 양면의 안정에서 그의 근본이 되는 노동에 대한 신뢰(信賴)를; 백색별은 결백의 상징으로서 독립국가에 걸맞는 존재가 되도록 국민에게 호소함을; 캔턴(canton)의 적색 바탕은 '인간애의 색, 성실의 색, 사랑의 색[박애(博愛), 충절(忠節), 사랑]임과 동시에 모든 생명체에 대한 사랑의 근본이 되는 네가지 자연의 덕색(德色), 또한 인간에게 제원리(諸原理)에 승리를 가져오고, 인류에게 고난을 가져오는 미지의 분야를 돌파하기 위하여 필요하다면 자기를 희생하는 정신의 색'이라고 정의하고 있다.

면적	5만 6,785㎢
면적순위	124위
인구	473만명 (97년7월)
인구밀도	83명/㎢
자원	인광석, 코코아
수도	로메(Lome, 23만명)
주민	에웨족(35%), 카브예족(22%), 미나족(6%)
언어	프랑스어(공용어), 부족어
종교	토착종교(70%), 기독교(20%), 회교(10%)

통가

(Kingdom of Tonga)

(1:2)

국기의 십자가는 이 나라가 기독교국이라는 것을, 또 적색은 구세주의 흘리신 피를 각각 상징하는 것이다.

면적	699㎢
면적순위	184위
인구	10만 7,000명 (97년7월)
인구밀도	153명/㎢
자원	코코넛, 코프라, 청과물, 어류
수도	누쿠알로파(Nuku'alofa, 2만 5,000명)
주민	폴리네시아계
언어	영어(공용어), 통가어
종교	기독교(95%)

면적	48만 8,100㎢
면적순위	52위
인구	422만명 (97년7월)
인구밀도	8.6명/㎢
자원	석유, 천연가스, 석탄, 유황
수도	아슈하바드 (Ashhabad, 51만명)
주민	투르크멘인(73.3%), 러시아인(9.8%), 우즈베크인(9.0%)
언어	투르크멘어 (공용어)
종교	수니파 회교, 러시아정교

투르크메니스탄
(Republic of Turkmenistan)

(2:3)

좌측 세로 띠의 붉은 카페트 색은 투르크메니스탄의 국민적 통일성을 반영하는 것이다. 세로 띠 우측 상단의 5개의 백색 별과 초승달은 많은 투르크멘 사람들의 회교적 성실성에 주어진 것이기 때문에 초승달과 별, 그리고 녹색 바탕은 회교를 상징하는 것으로 추정된다고 한다. 그러나 또다른 복잡한 해설이 있다. 즉 5개의 5각별은 고체, 액체, 가스체, 수정체, 그리고 플라즈마 등 우주의 다섯 가지 기본 요소들을 상징하며, 또한 5이란 숫자는 빛, 소리, 후각, 촉각, 그리고 균형감각 등 지구상에서의 생명의 다섯가지 중요한 상태를 뜻한다고 한다.

면적	25.9㎢
면적순위	221위
인구	1만 290명 (97년7월)
인구밀도	397명/㎢
자원	코프라, 코코넛, 바나나
수도	푸나푸티 (Funafuti, 2,810명)
주민	폴리네시아계(96%)
언어	투발루어, 영어
종교	개신교(98%)

투발루
(Tuvalu)

(1:2)

적 · 청 · 적의 횡으로 된 특이한 모양의 3색기 바탕 좌측 중앙에 국장을 넣었고, 우측에 변경되기 전에는 별이 9개였으나, 투발루(Tuvalu)라는 말이 뜻하듯 ["여덟"이 함께 존속(存續)한다]라는 말에 부합되게 사람이 살고 있는 8개의 섬을 상징하게 하여, 이들을 지리학적 위치대로 배열한 것이다.

면적	16만 3,610㎢
면적순위	91위
인구	924만명 (97년7월)
인구밀도	56.5명/㎢
지원	인, 석유
수도	튀니스 (Tunis, 88만명)
주민	아랍인(98%), 베르베르인(1%)
언어	아랍어(공용어), 프랑스어
종교	회교(98%)

튀니지
(Republic of Tunisia)

(2:3)

초승달과 별은 이 나라가 회교도의 나라임을 나타내고 있으며, 회교에서는 이 초승달이 결여(缺如)되어 있는 부분을 채워나간다고 하여 행운의 표시로 보고 있다. 또한 적색은 모하멧드의 후사(後嗣)이며 회교교주로서의 디기 국왕의 색이었으니, 일부 이랍국가에서는 이 적색이 터키의 대권(大權)에 대한 저항(抵抗)을 상징하는 것이라고 한다.

면적	5,128㎢
면적순위	167위
인구	113만명 (97년7월)
인구밀도	220명/㎢
자원	석유, 천연가스
수도	포트 오브 스페인 (Port of Spain, 5만 9,000명)
주민	흑인(41%), 인도계(41%), 혼혈(16%)
언어	영어(공용어)
종교	가톨릭(33.6%), 힌두교(25%)

트리니다드토바고
(Republic of Trinidad and Tobago)

(3:5)

적색은 국가의 활력, 태양의 따뜻함과 에너지, 그리고 평화스러운 것과 국민의 용기를; 흑색은 국민, 그들의 힘과 단합, 그리고 국가의 부유함을; 백색은 이 나라를 감싸고 있는 바다의 파도(波濤) 이상(理想)의 순결함, 그리고 태양 밑에서 모든 사람들이 평등하다는 것을 상징한다고 한다.

면적	7만 5,517㎢
면적순위	117위
인구	269만명 (97년7월)
인구밀도	35.6명
자원	농수산물
수도	파나마시티 (Panama City, 58만 5,000명)
주민	혼혈(60%), 흑인(13%), 백인(11%), 원주민(10%)
언어	스페인어(공용어)
종교	가톨릭

파나마
(Republic of Panama)

(2:3)

백색으로 인하여 양자간의 평화를 표시하고, 바탕의 분명한 분할로서 이 나라는 항상 두 정당 중의 어느 한 정당이 집권하여 국가를 다스린다는 것을 시사한다고 한다. 또 청색은 국토의 양편에 있는 카리브해와 태평양을, 적색은 애국자의 피를 뜻하기도 한다. 그리고 청색 별은 국민의 도덕인 결백과 정직을, 적색 별은 이 두 가지 목표를 사람들의 마음 속에 심어줄 역할을 해야할 권위와 법률을 상징하고 있다.

파라과이

(Republiic of Paraguay)

(1:2)

적색은 화려함과 용기, 애국심, 권리의 평등 및 정의를; 백색은 이념의 순결성, 청순, 평화, 통일 및 착실성을; 그리고 청색은 관용, 친절, 질서, 자유 및 현실주의를 상징한다고 한다. 중앙에 있는 국장과 국기 뒷 면의 국고인장(國庫印章)은 국장편에서 설명하기로 한다.

면적	40만 6,752㎢
면적순위	59위
인구	565만명(97년7월)
인구밀도	13.8명/㎢
자원	목재, 석회석
수도	아순시온(Asuncion, 50만명)
주민	스페인계와 과라니족(원주민)의 혼혈(97%)
언어	스페인어(공용어), 과라니어
종교	가톨릭(90%)

파키스탄

(Islamic Republic of Pakistan)

(2:3)

녹색은 번영을, 초승달과 별의 백색은 평화를, 초승달은 발전을, 별은 광명과 지식을, 그리고 좌측의 백색 띠는 힌두교, 기독교, 불교, 파세(Parsee)교와 기타의 종교를 믿는 소수민족의 보호를 각각 나타내고 있다고 한다.

면적	79만 6,095㎢
면적순위	36위
인구	1억 3,218만명(97년7월)
인구밀도	166명/㎢
자원	석탄, 석유, 천연가스, 동, 크롬
수도	이슬라마바드(Islamabad, 20만명)
주민	펀잡인(53%), 파슈툰인(16%), 신드인(13%)
언어	우르두어(국어), 영어(공용어), 펀잡어, 신드어
종교	회교(97%)

파푸아뉴기니

(Papua New Guinea)

(3:4)

적색과 흑색은 자기 나라 예술의 전통적인 색채일 뿐 특별한 것을 상징하는 것은 아니며, 활짝 나래를 펴고 날고 있는 모습의 새는 이 나라의 국조(國鳥)이며, 나라의 상징인 극락조(極樂鳥)로서 자유와 통일을, 아래에 있는 별은 남십자성(南十字星)의 성좌(星座)를 표시한 것으로 오스트레일리아의 것과 같은 모양으로 이 나라가 남반구(南半球)에 위치해 있음을 각각 상징하고 있다.

면적	46만 2,840㎢
면적순위	54위
인구	449만명(97년7월)
인구밀도	9.7명/㎢
자원	동광석, 사금, 코코아, 커피, 원목
수도	포트 모레스비(Port Moresby, 15만명)
주민	멜라네시아족, 파푸아족
언어	영어, 피진영어
종교	가톨릭(22%), 토착종교(34%), 개신교

팔라우

(Palau)

(5:8)

중앙의 원반은 태양을 뜻하는 것이 아니고 달을 뜻하는 것으로서, 이 달은 고요함과 평화, 그리고 사랑의 상징이며; 청색은 외국 지배세력의 이 나라로부터의 마지막 길임을 상징한다고 한다.

면적	492㎢
면적순위	190위
인구	1만 7,240명(97년7월)
인구밀도	35명/㎢
자원	금
수도	코로르(Koror, 1만 400명)
주민	카나카족
언어	영어(공용어)
종교	기독교, 토착종교

페로우제도

(Faeroe Islands)

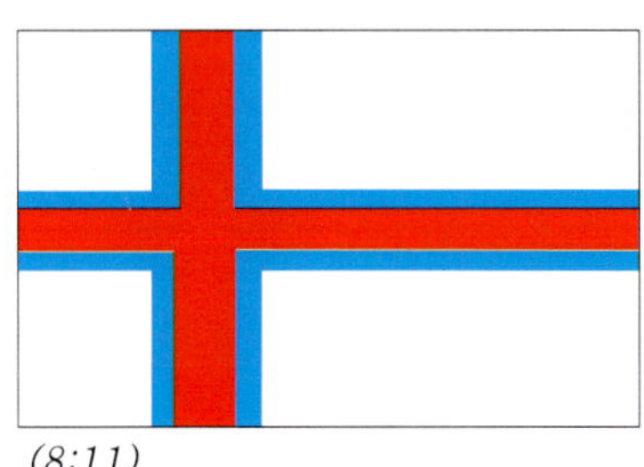

(8:11)

백색은 거품이 이는 바다와 이 섬의 맑고 밝은 하늘을 뜻하며, 옛날의 이 섬의 색깔인 적색과 청색으로 결합된 십자는 이 섬과 여타의 북구 나라들과의 유대를 나타낸다고 한다.

면적	1,399㎢
면적순위	176위
인구	3만 9,800명(97년7월)
인구밀도	28.4명/㎢
자원	
수도	토스하운(Torshavn)
주민	
언어	덴마크어 및 페로우어
종교	복음주의 루터교 75%, 기타 25%

면적	128만 5,216㎢
면적순위	20위
인구	2,557만명 (97년7월)
인구밀도	19.8명/㎢
자원	구리, 철, 아연, 석유, 수산물
수도	리마(Lima)
주민	인디오(50%), 혼혈(37%), 백인(12%), 아시아계(1%)
언어	스페인어/퀘차어/아이마라어 (공용어)
종교	가톨릭 (95%)

적색은 자유를 위해 싸운 용사들의 피를, 백색은 평화와 정의를 상징한다. 국기 속의 국장은 "국장편"에서 설명하기로 한다.

페루
(Republic of Peru)

(2:3)

면적	9만 2,389㎢
면적순위	111위
인구	993만명 (97년7월)
인구밀도	107명/㎢
자원	석탄, 텅스텐, 동, 망간
수도	리스본(Lisbon, 200만명)
주민	이베리아인, 켈트족, 게르만인
언어	포르투갈어 (공용어)
종교	가톨릭 (95%)

적·녹의 2색은 역사적으로 유명한 아빗슈 십자단과 그리스도 기사단을 기념하여 제작된 것으로, 녹색은 성실과 희망을, 적색은 신대륙 발견을 위해 대양을 향해 떠난 용기있는 포르투갈인의 피와 또한 10월 혁명의 피를 나타낸다고 한다. 국기에 들어있는 황색 원형의 것은 항해용구인 천구의(天球儀)로서, 이것은 이 나라의 항해자들이 유럽의 문화와 교역을 세계 각지로 넓혔던 지리적 발견시대의 상징이다.

포르투갈
(Republic of Portugal)

(2:3)

면적	1만 2,173㎢
면적순위	158위
인구	2,432명 (97년7월)
인구밀도	0.2명/㎢
자원	
수도	스탠리(Stanley)
주민	대부분 영국계
언어	영어
종교	성공회 50%, 기타 50%

영국의 해상용관용기(海上用官用旗)에 1948년에 제정된 문장을 넣은 것이다. 문장은 국장편에서 설명하기로 한다.

포클랜드제도
(Falkland Islands)

(1:2)

면적	31만 2,683㎢
면적순위	69위
인구	3,861만명 (97년7월)
인구밀도	123명/㎢
자원	석탄, 동, 유황, 암염
수도	바르샤바(Warsaw, 164만명)
주민	폴란드인(98%)
언어	폴란드어 (공용어)
종교	가톨릭 (95%)

색채의 해석에 있어서는, 지고있는 태양 위에서 떠오르는 흰 독수리라든가, 또는 인간 정신의 가장 높은 가치의 연합, 또는 인간의 피와 자유를 위한 신성한 희생 등으로 풀이되기도 하였으며, 단순히 백색은 환희를, 적색은 독립을 뜻한다고도 한다.

폴란드
(Republic of Poland)

(5:8)

면적	8,959㎢
면적순위	164위
인구	382만 명 (97년7월)
인구밀도	426명/㎢
자원	
수도	상후안(San Juan, 44만 9,000명)
주민	백인 80%, 흑인 20% (1980년)
언어	스페인어, 영어
종교	가톨릭 85.3%, 개신교 4.7%, 기타 10%

청색 삼각형은 입법(立法), 사법(司法), 행정(行政)의 기본삼권(基本三權)을; 백색 별은 독립국가임을; 적색은 독립을 위해 흘린 피를; 백색은 개인의 자유와 안전을 상징한다고 한다.

푸에르토리코
(Commonwealth of Puerto Rico)

(2:3)

프랑스

(French Republic)

(2:3)

자유, 평등, 박애(博愛)를 부르짖는 3색기로 유명한 이 나라 국기는, 그 시초가 프랑스 혁명의 해인 1789년이라고 한다.

면적	55만 1,208㎢
면적순위	48위
인구	5,860만명 (97년7월)
인구밀도	106명/㎢
자원	철, 보크사이트, 석탄, 농산물
수도	파리 (Paris, 218만명)
주민	켈트, 게르만, 노르만족의 혼혈
언어	프랑스어 (공용어), 왈둔어, 프로방스어
종교	가톨릭 (80%)

프랑스령 폴리네시아

(Territory of French Polynesia)

(2:3)

적색은 용기를, 백색은 이상(理想)의 순수(純粹)함과 밝은 장래를 상징하며, 국기의 중앙에 있는 문양에는 파도무늬로서 태평양을 표시하고, 그 위에 그들의 과거로부터 사용하고 있으며 못을 전혀 사용하지 않고 만들었다는 배 후쿠리아(Hukulea)가 떠 있으며, 그 배경에 있는 떠오르는 태양은 그들이 이를 보고 행복감을 느낀다는 그들의 낙천주의적(樂天主義的)인 기질(氣質)을 각각 상징한다고 한다.

면적	4,200㎢
면적순위	168위
인구	23만 3,400명 (97년7월)
인구밀도	55.5명/㎢
자원	
수도	파페에태 (Papeete)
주민	폴리네시아계 (78%), 중국인 (12%)
언어	불어, 타이티어
종교	개신교 (54%), 가톨릭 (30%)

피지

(Republic of Fiji)

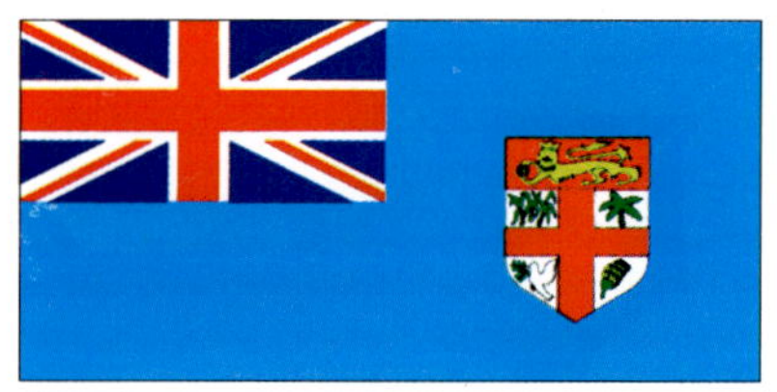
(1:2)

옛 영국 식민지의 기를 수정하여 바탕 색은 오스트레일리아나 뉴질랜드 등의 기와 구별하기 위하여 연하게 하고 국장을 넣어 제정한 것이다. 방패문양의 윗부분에는 사자가 있고, 그 밑에는 십자가 있는데, 이 십자는 성(聖) 조지 십자로서 이들은 모두 영국의 상징이며, 이 성 조지 십자로 나뉜 네 개의 칸에는, 좌상(左上)에는 사탕수수를, 우상(右上)에는 코코낫 야자나무를, 우하(右下)에는 바나나를 넣어 이 나라의 대표적인 농산물을; 좌하(左下)에는 국장에 있는 두루마리의 글과 함께 올리브 나무 가지를 문 흰 비둘기를 넣어 평화를 각각 상징하고 있다.

면적	1만 8,272㎢
면적순위	153위
인구	79만 2,400명 (97년7월)
인구밀도	43명/㎢
자원	사탕, 수산물, 목재
수도	수바 (Suva, 7만 3,000명)
주민	피지인 (48.4%), 인도인 (46.4%), 기타 (5.2%)
언어	영어 (공용어), 피지어, 힌디어
종교	개신교 (37%), 가톨릭 (9%), 힌두교 (38%)

피트케인군도

(Pitcairn Islands Group)

(1:2)

영국의 식민지이므로 영국의 해상용관용기(海上用官用旗)에 이 곳의 문장을 넣어 제정한 것이다. 이 문장은 방패 문양과 투구, 그리고 그 위에 있는 장식으로 구성되어 있는데, 방패문양은 청색바탕에 가운데 부분에는 황색테를 한 삼각형을 두고 그 속에 성경책(聖經冊)과 보운티(HMS Bounty)호(배 이름)의 황금색 닻을 넣어 그곳 식민(植民)의 기원(起源)을 상징하게 하였으며, 방패문양 위의 투구는 손수레와 식용나무 종류인 미로(Miro)의 가지로 된 장식을 달고 풀 많은 언덕 위에 서 있다.

면적	4.5㎢
면적순위	225위
인구	54명 (97년7월)
인구밀도	12명/㎢
자원	
수도	애담스타운 (Adamstown)
주민	
언어	영어
종교	제7안식일재림교 100%

핀란드

(Republic of Finland)

(11:18)

백색은 눈을, 청색은 호수와 맑게 개인 하늘을 뜻하며, 십자는 기독교 교단과 북유럽 여러 나라와의 유대관계를 표시한다고 한다.

면적	33만 8,000㎢
면적순위	65위
인구	513만명 (97년7월)
인구밀도	15명/㎢
자원	임산물, 동, 아연
수도	헬싱키 (Helsinki, 50만 2,000명)
주민	핀란드인 (93.5%), 스웨덴인 (6.3%), 랩족
언어	핀란드어, 스웨덴어 (공용어)
종교	루터교 (국교)

면적	29만 9,404㎢
면적순위	72위
인구	7,610만명(97년7월)
인구밀도	254명/㎢
자원	철, 목재, 금, 동, 바나나
수도	마닐라(Manila, 1,000만명)
주민	말레이계, 중국인, 스페인계 혼혈
언어	타갈로그어(표준어), 필리핀어, 영어(공용어)
종교	가톨릭(85%), 회교(4.3%), 개신교(2.9%)

필리핀
(Republic of Phillippines)

(1:2)

좌측의 백색 3각형은 스페인의 지배에 저항하여 전개되었던 해방투쟁의 지도적 역할을 수행한 카테프난 조직의 상징이라고 하며, 그 안에 들어있는 금빛 태양은 자유를, 태양의 8개 빛살은 스페인에 앞장서서 대항하였던 8개 주를, 3개의 별은 필리핀을 구성하고 있는 3개의 주요지역인 루손, 비사야군도 및 민다나오를 나타내며, 백색은 평화와 결백을, 청색은 고귀한 이상을, 적색은 용기와 떳떳함을 뜻한다고 한다.

면적	9만 3,032㎢
면적순위	110위
인구	1,023만명(97년7월)
인구밀도	110명/㎢
자원	석탄, 석유, 천연가스, 보크사이트
수도	부다페스트(Budapest, 200만명)
주민	헝가리인(89.8%), 집시족(4%), 게르만인(2.6%)
언어	헝가리어(공용어)
종교	가톨릭(67%), 칼빈교(20%), 루터교(5%)

헝가리
(Republic of Hungary)

(2:3)

색채에 대한 해석에 있어서는, 현재의 국장을 확인하는 입장에서 새로운 뜻을 부여하여, 희생에 대한 준비를 뜻하는 적색과 국민의 순수성을 뜻하는 백색은 장래성 있는 녹색 식물의 생장(生長)에 해와 비(雨) 같아서 평화롭게 결실한 다음 공산주의의 풍부한 열매를 가져올 것을 상징한다고 하였다.

※국기에 관한 도해 · 용어해설은 세계의 국장편 부록 참조